전국 최초 공립숲유치원, 첫 이야기

애들아,
숲으로
가자!

전국 최초 공립숲유치원, 첫 이야기

애들아,
숲으로
가자!

초판 1쇄 인쇄 2021년 12월 27일
초판 1쇄 발행 2021년 12월 31일

집필 원장 | 조미희
     원감 | 원은실
     교사 | 이현주, 한정희, 최정임, 손정화, 서희정, 정다희, 이가연, 김성진, 김유정, 정정원, 허정혜, 유지연, 김현진
     영양사 | 이호임
     학부모 | 김수미, 김려원, 안혜숙, 신재숙, 장혜진, 정경
심의 임재택(전 부산대학교 유아교육과 교수, 현 한국생태유아교육학회장)
     정경자(전 세종특별자치시교육청 장학사, 현 아이세상 배움연구소장)
     원장, 원감, 교무, 혁신·연구
     솔빛숲유치원 교육공동체

펴낸이 김승희
펴낸곳 도서출판 살림터

기획 정광일
편집 송승호, 조현주
북디자인 꼬리별

인쇄·제본 (주)신화프린팅
종이 (주)명동지류

주소 서울시 양천구 목동동로 293, 2215-1호
전화 02-3141-6553
팩스 02-3141-6555
출판등록 2008년 3월 18일 제313-1990-12호
이메일 gwang80@hanmail.net
블로그 http://blog.naver.com/dkffk1020

ISBN 979-11-5930-212-1 03370

전국 최초 공립숲유치원, 첫 이야기

얘들아, 숲으로 가자!

솔빛숲유치원

살림터

작은 출발, 큰 울림
신명 나는 세상을 만들어 낼 아이들을 위하여

임재택_ 부산대 명예교수, (사)한국생태유아교육연구소 이사장

1년여의 교육과정 준비 끝에 2019년 3월 개원한 전국 최초 공립숲유치원인 〈솔빛숲유치원〉에서 이루어진 3년간의 '숲과 아이들의 행복한 만남 이야기'를 책으로 만나니 무척 기쁘고 자랑스럽네요.

책 제목도 멋지네요. 조미희 원장님, 원은실 원감님, 그리고 함께하신 모든 선생님께 하늘만큼 땅만큼 축하드립니다.

이 책이 전국 공립유치원 교원들과 장학직·연구직에 계신 분들께, 그리고 관련 분야의 교수님들께도 널리 널리 전해지면 좋겠습니다.

〈2019 개정 누리과정〉 제정·시행에 앞서 "자연·놀이·유아중심 유아교육의 진수"를 솔빛숲유치원에서 보여주고 있다는 점에서 충분히 자부심을 가질 만하다고 생각합니다. 1969년 최초의 유치원 교육과정이 제정된 지 50년 만에 실질적인 유아중심·놀이중심 유아교육과정을 표방한 〈2019 개정 누리과정〉이 시행되는 2020년 3월부터 코로나19 팬데믹으로 아이들의 바깥놀이를 포함한 유아중심·놀이중심 유아교육의 취지마저 흔들리는 상황에서 이 책은 희망이 되고 길잡이가 될 것입니다.

유아교육의 본질은 아이들이 건강하고 행복하고 평화롭게 자라도록 도와주는 것입니다. 아이들의 몸 마음 영혼을 건강하고 행복하고 평화롭게 하지 못하는 유아교육은 존재할 가치가 없습니다. 그래서 우리는 아이들에게 잃어버린 자연과 놀이와 아이다움을 되찾아주고자 숲교육·생태교육을 하는 것입니다. 〈2019 개정 누리과정〉의 취지에 부합하는 최고의 교육이 숲생태교육입니다. 이 책에 숲과 아이들의 행복한 만남(삶과 놀이와 교육) 이야기가 고스란히 담겨 있습니다.

이번 〈2019 개정 누리과정〉에서는 흥미영역, 자유선택활동, 이야기 나누기를 포함한 대소집단 활동, 주제별 교육접근, 연간·월간·주간·일일 교육계획안, 연령별 학급(반) 편성 등에 대한 언급조차 없거나 어느 것도 강요하지 않고 있습니다. 또한 지난 50년간 유지해온 3, 4, 5세 연령별 교육과정을 하나로 통합하여 혼합연령 단일 교육과정으로 개편했습니다. 솔빛숲유치원의 혼합연령반 편성을 포함한 교실환경 구성, 일과운영, 교육과정 운영 등이 〈2019 개정 누리과정〉의 취지에 가장 부합하다는 것이 입증되고 있습니다. 솔빛숲유치원의 혼합연령반은 만3세 4명, 만4세 6명, 만5세 8명 등 모두 18명으로 편성되어 있습니다.

교실·수업·교사중심의 기존 유아교육에서 벗어나 자연·놀이·유아중심 유아교육으로 가는 최선의 길이 혼합연령반 편성이라는 사실을 이 책곳곳에서 발견할 수 있습니다. 아이들의 무한한 잠재능력과 유아교육에 대한 교사들과 부모들의 고정관념 및 선입견, 오해와 불신 등이 얼마나 유아교육을 망치고 아이들의 몸 마음 영혼을 아프게 했는지 깨닫게 합니다. 아이는 주체적 생명인입니다.

솔빛숲유치원은 2018년 운영계획 수립과정에서 2011년 3월 개설한 한국형·매일형 숲유치원을 지향하는 부산대 부설 어린이집의 어울림숲반(만

3, 4, 5세 16명) 운영 경험을 참고했지만, 특수학급 1학급을 포함하여 9학급 규모의 전국 최초 공립숲유치원이라는 점에서 국내는 물론 향후 세계적인 주목을 받는 한국적 특성을 지닌 유아교육기관으로 발전해 나아가야 할 것입니다. 상당한 국가 재정을 투입하여 운영하는 최고의 숲유치원이라는 자부심에 걸맞은 역할이 기대됩니다. 솔빛숲유치원의 교육과정은 스스로 참여하고 숲과 함께 행복한 솔빛공동체라는 교육비전을 바탕으로 유아가 주체가 되고 유아의 자율성과 자발성을 존중하는 국가수준 교육과정인 누리과정에 기반하여 숲에서 모든 교육과정이 이루어지는 매일형 숲교육과정으로 운영할 방침임을 밝히고 있다는 점에서 한국 유아교육이 나아갈 길을 바르게 안내하고 있음을 확인할 수 있습니다.

이 책은 기존 유아교육의 이론적 틀을 깨고 나온 여러 선생님의 경험적 지혜의 결과라고 생각합니다. 지난 3년 동안 선생님들이 숲유치원에서 때로는 낯설고 때로는 익숙한 자연과 사람들과 만나면서 치열하게 살아온 아이들과의 하루하루의 삶과 놀이와 교육의 이야기를 서술한 "성장중심 기록화"가 이 책의 바탕이 된 것이라 생각합니다.

교육계획안과 평가 결과 수치와 사진들의 모음인 기존 어른편익 중심의 유아교육 관련 책들과 어찌 비교가 되겠습니까? 아이들의 행복한 삶이 보이지 않고 어른들의 자랑들만 보이니 말입니다. 이 책은 솔빛숲유치원 교육공동체 사람들인 아이들과 교사들과 부모들과 지역 인사들의 삶과 놀이와 교육 이야기를 보여주고 있습니다. 이 책은 일종의 솔빛숲유치원 관련 "실록"이고 "난중일기"에 비유됩니다. 세월이 지날수록 빛이 날 것입니다. 우리 아이들의 오래된 미래를 보여주기 때문입니다.

솔빛숲유치원에는 아이들의 민원은 없는데, 어른들의 민원이 많다는 것을 보여주고 있습니다. 초기부터 지금까지 아이들의 민원이 없다는 것은 숲과 아이들의 행복한 만남이 이루어져 몸 마음 영혼이 건강하고 행복한, 신명 나는 아이로 자라고 있음을 말해주는 것입니다. 한편 초기에는 어른들의 민원이 많았는데, 시간이 지나면서 교사 민원, 부모 민원, 지역주민 민원 등이 사라지고 있음을 읽을 수 있습니다. 초기 미비점이 보완되고, 점차 불편이 해소되며 오해가 풀리고 괜한 우려와 걱정이었음이 드러나면서 솔빛숲유치원을 중심으로 따뜻하고 정겨운 생태육아마을공동체로 발전되어가는 모습이 보입니다.

작은 출발이 큰 울림이 되어 많은 사람에게 아이행복세상의 즐거움과 희망이 되고 있습니다. 신명 나는 아이로 자라 신명 나는 세상을 만들어 낼 아이들을 바라보면 힘이 납니다. 기후위기 시대, 코로나 팬데믹 시대, 생명위기 시대 세계 유아교육의 나아갈 길이 보입니다.

참 좋은 일입니다.
벌써 다음 책이 기대됩니다.
솔빛숲유치원 교육공동체, 화이팅입니다!!!

길이 끝난 곳에서도 길이 되는 사람이 있다

정경자_ 아이세상배움연구소장

들숨과 날숨으로 아이들의 행복한 삶이
씨실과 날실 되어 어우러져 그 아이들의
과거와 현재가 되고 미래로 이어지는 길이 되기를

2019년 3월 4일! 그날 솔빛숲유치원 아이들의 행복한 표정은 그 어디에서도 볼 수 없는 모습으로 새겨져 지금도 내 가슴을 설레게 한다. 세종시교육청이 2016년부터 3년 동안 아이들의 삶을 중심에 두고 수많은 사람의 고민과 함께 진솔한 마음들이 담긴 아이들의 삶터인 솔빛숲유치원이 개교하였다.

세종시의 공립 단설유치원들이 대부분 바깥놀이터가 없거나 협소하다는 실태를 알게 되었고, 이를 고민하던 중 이 도시가 다른 시·도와 달리 유치원 인근에 아이들이 활용 가능한 자연 녹지와 공원, 그리고 숲이 있음을 파악하게 되었다. 차별화된 이 특성을 반영하면 모든 유치원이 숲·생태교육이 가능하다는 사실을 알았고, 2016년 예산을 확보하여 2017년 각 유치원에 배부하였다.

또한 세종시는 매년 신설 유치원이 설립되는 상황이었기에 숲유치원 설립이 가능하리라 판단하였고, 무엇보다도 숲유치원이 설립되면 모든 아이들이 스스로 주인 되며, 자신들의 삶과 유리되지 않는 놀이가 회복되어 자신들의 행복한 삶을 살 수 있기 때문이었다. 이것은 유아교육의 본질이며, 한 아이도 포기하지 않는 혁신유치원의 철학과 가치관이기도 하다. 그래서 '숲유치원 설립'을 교육감님께 제안 드렸다.

교육감님께서는 그 제안을 흔쾌히 수용하셨고, 이를 위한 신속한 행보를 하신 결과 2016년 7월 5일 행복청과 「행복도시 교육발전을 위한 업무계약 체결」을 통해 숲유치원을 설립하기로 하였고, 업무 추진을 위해 협의회를 정례화하기로 했다.

숲유치원 설립이 가시화되면서 행복청과 정례화된 협의회는 행복청의 주관으로 LH, 세종시청, 산림청, 숲전문가 등 구성원을 확대하여 현안사항에 대한 긴밀한 협의를 위해 정기적으로 운영되었다. 가장 먼저 아이들이 숲에 쉽게 드나들도록 유치원 부지를 변경하였고, 자연과 연결되는 숲유치원 건축을 위해 부지 면적을 확대하였다.

그러나 공립 숲유치원 설립이 전국 최초이다 보니 공립 모델링이 없었고, 그나마 제대로 운영하는 사립유치원과 대안학교는 공개할 수 없는 사정이어서 난감했다. 하지만 길이 끝난 곳에서도 길이 되는 사람이 반드시 있다. 그 길에 함께해 주신 첫 번째 주인공은 세종시교육청 시설과에 근무하는 정진수 주무관과 SUP 건축사무소 이선환 소장님이셨다.

단순한 건물이 아니라 숲에서 아이들의 삶과 연결되어야 하며 아이들의 숨결이 살아 움직일 수 있는 건축물이어야 했기에 그 철학을 담아낼 수 있는 건축가가 매우 중요했다. 그래서 기대 반 우려 반으로 첫 미팅을 하며 숲유치원의 설립 취지와 철학과 가치관을 공유했고 협조를 청했는데, 다행히 많은 것을 공감하며 적극적인 관심과 열의를 보이셨고, 최선을 다해 협력하겠다는 의사를 밝혀주셨다. 천군만마(千軍萬馬)를 얻은 것이다.

가보지 않은 길이 되는 여정은 여러 가지 잣대와 명분으로 생각보다 훨씬 많은 짐을 지게 했다. 그래서 더 많은 조언과 의견을 경청하기 위해 현장에서 실제 숲 교육을 하거나 운영하고 있는 교사와 전문가들과 함께 밤과 낮을 가리지 않고 수차례 현장을 답사하면서 의견을 듣고 스케치했다. 그러나 생각이 다른 다양한 사람들의 의견에서 무엇보다 균형을 유지하는 것이 중요했다. 바로 그 균형 있는 저울은 10여 년의 숲 교육 경험에서 얻어진 '아이들의 삶'이었다.

쉽지 않은 결정이었다. 숲유치원이 마을을 품고 마을과 이어지며, 마을은 건너편 숲이 있는 마을로 이어지게 자리 잡게 하였고, 아이들이 쉽게 앞마당으로 나올 수 있도록 모든 교실은 방사형으로 배치하였다, 또한 아이들이 몸은 교실 안에 있지만 바깥세상과 소통 가능한 통유리벽, 창문 너머 자연을 고스란히 담아내는 액자 같은 유리 창문, 건물과 건물이 이어지고 연결되는 테라스, 건물과 건물 사이의 나무 등, 아이들이 언제 어디서나 자연과 만나고 소통하며 호흡이 가능한 구조로 설계가 완성되었다.

추진 과정은 어렵고 힘들었지만 건축물의 방향과 구조는 탁월한 선택이었던 것 같다. 처음엔 교직원들의 불평도 있었지만, 공간 하나하나의 의미를 다시 곱씹어보며, 아이들과 사계절의 삶을 한 해 두 해 겪으면서 아이들 관점으로 이해하고 해석하며 채워가는 동안 교육공동체 모두가 행복해하고 있다. 그리고 이 건축물을 설계한 SUP 건축사무소 선상희 소장님이 '2021한국건축문화대상 신진 건축사 부문 최우상'을 수상하셨다.

그러나 속담에 "구슬이 서 말이라도 꿰어야 보배"라고 했다. 아무리 좋은 건축물이 있어도 그 철학과 가치를 담아 실행할 교원이 필요했다. 숲유치원 운영의 성패는 교사가 열쇠라고 생각했다. 왜냐하면 숲유치원은 단순한 공간의 이동이 아니라 숲과 아이를 이해하고 아이들의 유능함을 믿고 기다려 주며, 가르침의 관점이 아닌 배움 중심 관점, 경쟁이 아니라 협력의 교육 그리고 숲과 교실을 이어주는 교육 등 아이들의 삶과 앎이 연결되는 교육 철학과 가치관이 있어야 가능하기 때문이다.

바로 그 역량이 있는 교원들이 이 책의 저자들이다. 나와 함께하는 길이 되는 두 번째 주인공들이다.

숲유치원 운영은 결코 만만찮은 일이었을 것이다. 다양한 위험 요인이 있는 곳에서 한 아이 한 아이 보살피고 지원해 주어야 하는 상황에서 생각지 못한 현실과 부딪쳐야 한다. 그리고 두렵고 당황스러운 상황, 예상치 못했던 어려움과 위험, 여러 가지 민원 등 수많은 상황과 여건을 만나고 부딪쳤을 것이다. 얼마나 힘들고 어려웠을지 경험자로서 짐작이 간다. 하지만 굴하며 돌아서지 않고 자율과 협력으로 집단지성을 발휘하여 해결하고 방안을 모색하며 대안을 찾아가고 있다고 생각한다. 그 과정을 통해 교사들은 서로 배우고 끊임없이 성장해 가고 있다.

그래서 아이들은 행복하다. 살아있는 자연 속에서 날마다 만나는 풀·나무·새 그리고 바람 소리와 함께 자연의 순리에 따라 사계절을 겪으며, 자기 삶을 선택하고 결정하며, 자신의 행복한 삶 가운데 배우고 성장하고 있다. 경쟁이 아닌 협력을 배우고, 생명을 존중하며, 자연과 인간의 관계를 알며, 친구의 실수를 공감하고 위로하며 격려하고 함께 살아가는 공동체성을 배운다. 그래서 아이들은 부모님들이 "유치원 가지 마라" 하면 가장 싫어하고 무서워한다고 한다.

또한 학부모님들은 너무 만족해하시며, 교육 주체로서 교육과정에 참여하고 협력하는 가운데 교육공동체로서 동반 성장하고 있다. '내 아이'가 아닌 '우리 아이'로 생각하며 아낌없이 자발성을 발휘하여 최선을 다해 지지하고 지원한다고 한다.

솔빛숲유치원 교육공동체들은 길이 없는 곳에서 포기하지 않고 길이 되어 뚜벅뚜벅 걸어갔다. 선구자적인 길을 간다는 것은 대단한 도전이며 용기가 필요하다. 그런 의미에서 이 책의 저자들은 서 말 구슬을 꿰어 보배를 만든 분들이기에 그 용기에 박수를 보낸다.

이 책은 솔빛숲유치원 교육공동체가 겪은 수많은 과정이 고스란히 담겨 있으므로 숲유치원 운영 또는 숲교육을 시작하는 모든 분께 시행착오를 줄이고 어려움을 덜 수 있도록 도움을 주는 좋은 길잡이가 될 것이다.

공립 숲유치원으로서 전국 최초이다 보니 많은 사람의 관심과 발길이 이어지고 있다고 한다. 늘 아이를 중심에 둔 교육공동체의 협력과 집단지성으로 모범적인 숲유치원으로서 온전히 자리매김하여 바람직한 모델이 되기를 간절히 기원한다.

차례

삶 이야기

숲유치원 마중물이 되어

솔빛숲! 새로운 길을 열다

원장_ 조미희

자연 속에서 생명과 교감하며
마음껏 놀이를 펼치고
스스로 놀아본 아이들의 내면적 힘은
미래의 커다란 자양분

"다섯 살이 어떻게 저 가파른 길을 올라가지? 그런데 혼자 도움도 받지 않고 올라가는 거예요. 정말 감동받았어요. 아이들이 넘어져도 툭툭 털고 일어나 아무렇지 않게 뛰어가 노는 모습이 놀라웠어요."

지난 10월, 세종시 관내 유치원 교사들을 초대한 수업 나눔을 참관한 선생님의 소감입니다. 이 밖에도 여러 감동의 언어들이 흘러넘칩니다. 숲에서 노는 아이들을 바라보니 세상에서 가장 행복해 보이는 모습처럼 보인다고 합니다.

시대가 현기증이 날 정도로 빠르게 변하고 있습니다. 코로나는 세계를 온라인으로 더욱더 연결하고 10년이 걸려 발전할 미래교육을 단기간에 앞당기고 있습니다. 아이들은 미래세대입니다. 이 변화하는 시대에 아이들이 어떻게 자라야 하고 어떤 지원을 받아야 할까요? 삶이 도구가 아닌 주체로 살아갈 솔빛숲 아이들의 지난 3년을 돌아보면서 확신이 듭니다. 인성, 창의성, 배움 중심, 질문수업, 놀이 중심 등등 범교육적 주제들을 넘어서는 교육이 바로 숲교육입니다. 자연 속에서 생명과 교감하며 마음껏 놀이를 펼치고 스스로 놀아본 아이들의 내면적 힘은 미래의 커다란 자양분이 될 것입니다. 틀에 얽매이지 않고 자유롭고 창의적이며, 주도적이며 협력할 줄 아는 아이들은 미래 콘텐츠가 풍부한, 대체불가의 인재가 되리라 믿습니다.

2017년 고려대 세종 캠퍼스에서 국제 유아 숲세미나가 열렸습니다. 멀리 제주도에서 온 원장님 등 사립유치원과 어린이집의 관심이 매우 크다는 것을 느꼈습니다. 전국에 3천 개가 넘는 사립기관이 숲과 관련된 교육과정을 진행한다고도 들었습니다. 공립유치원에서는 작은 단위의 숲 활동을 하고 있지만, 숲 활동이 주 교육과정인 경우는 없었습니다. 그런데 2019년 공립 최초로 솔빛숲유치원이 개원했습니다. 공립에서는 아무도 가지 않은 그 미지의 길을 열었습니다. 세종교육청의 혁신적인 마인드와 실무진의 열정 없이는 불가능했을 것입니다. 최초 전 학급 매일형 숲유치원으로 개원하기에 바라보는 분들도, 교육과정을 펼치는 교사들도 걱정이 많았습니다. '최초'라는 단어가 주는 책임의 무게와 부담을 이기고 오늘의 안정을 이루기까지 솔빛숲 공동체의 노력은 말할 수 없이 컸습니다. 모든 분의 노고에 진심으로 감사드립니다.

생활주제로 짜인 교육과정을 지양하고, 봄·여름·가을·겨울 사계절 숲에서 만들어가는 공립 숲유치원 교육과정 모델을 창출하고, 유아의 리듬으로 하루가 연결되는 교육과정을 만들어가며, 숲정비, 숲안전, 숲놀이, 숲생태교육 등 늘 흙투성이 옷과 함께 더운 날 땀으로 채우며 최전선에서 수고해주신 선생님들!! 고맙습니다.

무엇보다 개원 초, 확신이 서지 않았던 많은 부분이 있었음에도 철학적 소신이 분명하고 숲유치원의 모든 것을 믿고 지지해주신 학부모님들께 감사드립니다. 어느덧 우리 교육과정에 능동적으로 참여하여 축제 준비, 동아리 활동, 봉사활동에 열정을 갖고 지원해주시는 학부모님 덕에 솔빛숲유치원은 더욱 희망적입니다.

난생처음 숲체험 중심의 교육을 해야 하는 상황에서 두려움과 설렘을 안고 솔빛숲교육공동체의 모든 구성원이 '무'에서 '유'를 만들어가고 있습니다. 서툴기도 하고 막막하기도 한 날들이었지만 지나온 모든 날이 우리 어린이들의 즐거움과 행복으로 열매를 맺어가고 있습니다.

'교육의 영수증은 아이들의 표정'이라고 합니다. 학기 초 부모님과 떨어지지 않으려던 아이들이 하원길에 밝은 표정으로 달려가는 모습, 유치원이 매일 소풍 같다는 아이들의 이야기는 살아있는 보증수표입니다. 밝고 환한 아이들이 매일 신나게 노래합니다. 그래서 솔빛숲유치원 교육공동체 모두는 행복합니다.

전국 최초 공립 매일형 숲유치원을 운영하면서 지나온 과정을 소중하게 기억할 수 있기를 바라며, 모든 어린이에게 행복을 나눌 수 있는 씨앗이 되기를 소망하면서 솔빛숲교육 가족에게 고마운 마음을 전합니다.

꿈에 그리던 행복한 유치원

원감_ 원은실

젊은 시절 꿈이 현실이 되어,
유쾌하지만은 않았던 현장이 행복 넘치는 공간이 되기까지
함께 만든 교육공동체와 가장 럭키한 삶을 살아가는 나날들

내 생애 최고의 행운

30대 시절, 아동학 석·박사과정을 밟으며 접했던 독일의 숲유치원….

전인교육의 장으로 또 환경·자연·생태교육의 장으로, 생명존중사상을 이론이 아닌 몸으로 체험할 수 있는 바람직한 유아교육기관의 형태라는 것을 공부하면서 큰 충격을 받았다.

그때 도심 한가운데 위치한 병설유치원에 근무하고 있던 나는 아이들과 숲활동을 할 수 없는 현실에 절망했고, 교사 주도의 면밀한 계획하에 이루어지는 교육활동으로는 교사와 아이들 모두가 행복하지 않다는 것에 좌절했다.

학문 중심의 교육과정 틀 속에서 입시 위주의 초, 중, 고 교육을 받고 대학의 유아교육과에서조차도 교사 중심의 구조화된 교육 운영을 위한 훈련만을 받은 나로서는 숲교육을 어떻게 적용해야 할지 막연했고, 교사 주도의 교육에서 벗어나지 못하고 있었다. 그러던 중 활동 중심 교육과정이 출현했고, 아동 중심 교육에 대한 필요성이 제기되었다. 우리 반 아이들에게 아

동 중심 교육을 전개하기 위해 레지오에밀리아, 발도르프 등 아동 중심 교육에 대한 각종 연수에 참여했다. 아동 중심, 활동 중심의 교육과정을 적용하기 위해 주간교육계획안을 작성하여 각 가정에 안내했지만 그날 그날 일어난 일을 중심으로 수업을 전개해 갔고, 몇 개의 주제를 선정하여 프로젝트식 수업을 했지만, 그것 역시 교사 주도 수업으로 전락하기 일쑤였다.

꿈에서조차도 아이들과 숲에서 노는 모습을 그리고 마음껏 신나게 뛰놀 수 있는 환경을 만들어 주는 것이 나의 최대의 소망이었으며 끝없이 염원했으나 그때는 공립유치원의 조직적 구조에 갇혀 실행하기 힘들었다.

그 소원을 이룬 지금 나는 누구보다도 행복하다.

숲유치원과 마주하다

외면하던 기관, 마을주민들과 소통
정성과 사랑, 소망이 이루어지는 공간이 되기까지
교육공동체 모두의 수고가 빛나는 오늘… 참으로 행복한 우리

2017학년도부터 세종시교육청에서는 숲생태교육에 대한 지원을 아끼지 않았다. 가까운 숲에 나가 아이들과 맘껏 놀면서 아이다움을 찾아주라는 것이다.

이때는 숲생태교육의 중요성이 크게 부각되지도 않았고, 어렴풋이 필요하다는 것을 알고는 있었지만 어떻게 실행해야 할지 방법을 몰라서 혹은 숲생태교육운영시 안전에 대한 두려움 때문에 실천하는 유치원은 거의 없었다.

그러나 이때 H유치원에서 숲생태교육을 위한 정책연구에 참여하면서 숲과 점차 가까워지기 시작했다. 아이들과 매주 1회 원수산으로 숲활동을 나갔고, 유치원에 돌아와 1주일간 프로젝트식으로 확장활동을 해나가는 수준으로 진행되었다.

2018년 7월, 세종특별자치시교육청에서 행운처럼 찾아온 기회… 그것은 바로 숲유치원 TF팀 지원에 관한 공문이었다. 숲유치원 TF를 하면서 30대부터 소원하던, 아이들과 자연 속에서 맘껏 뛰어놀고 싶다는 나의 꿈은 서서히 현실이 되어갔다.

많은 기대 속에서 구체적인 운영계획을 세우면서 유아교육의 밝은 미래를 보았고, 긍정적 희망이 생기기 시작했다.

- 숲유치원의 물리적 환경은 어떻게 구성해야 할까?
- 숲에서의 교육활동은 어떤 형태로 이루어질까?
- 교육공동체 모두가 참여하는 숲교육을 이루려면 어떻게 해야 하나?

이런 문제들을 고민하면서 숲유치원에서 펼쳐질 미래에 대한 청사진을 그려보곤 했다.

2019년 3월, 드디어 '솔빛숲유치원'이라는 이름으로 유치원을 개원하게 되었다.

전국 최초 공립형 숲유치원으로, 학급당 수용지표 18명에 혼합연령 학급구성, 매일형 숲체험활동을 중심으로 한 발현적 교육과정을 운영하며 투담임제로 운영하도록 기획했고 교육청의 전폭적인 지지를 받으며 첫발을 내디뎠다.

그러나 개원 후 해결해야 할 문제들이 속속 드러나고 있었다.

- 학급별로 만든 숲교실 사용 여부에 대한 승인
- 구조화된 교육과정 운영에서 발현적 교육과정 운영으로의 전환에 대한 교사들의 두려움
- 이론은 튼튼했지만 숲교육을 중심으로 한 유아놀이중심 교육과정 실천 내용에 대한 막연함
- 유치원 건물 안, 원내 바깥 놀이터, 그리고 숲교실 안전에 대한 매뉴얼 개발 등 안전 문제

- 숲교실 정비에 대한 안전가이드나 자연활용에 대한 자율권 부여
- 아직도 글씨공부 등 인지적 교육에 대한 열망이 남아있는 학부모들의 요구
- 달라진 교육과정과 혼합연령 운영, 숲에서의 안전을 염려한 학부모들의 민원
- 매일 숲으로 가는 아이들의 소리가 시끄럽다고 민원을 넣는 지역주민 등등

숲교실 사용 승인을 받고자 LH에 수차례 공문을 보내고 담당자와 전화 통화를 했다. 물론 교육청에 협조 요청을 하여 지원을 받았고, 본원 학부모 님들의 적극적인 지지가 있었다. 여러 기관과 사람들이 노력한 결과 근린공 원 부지 내 숲활동공간으로 허가를 받았다. 허가받을 때까지 각종 민원에

솔빛숲유치원 괴화산 사용 재승인 요청

1. 문제의 발단
가. 관련: 세종단지사업1부-9837(2019.12.18.)
나. 괴화산 근린공원시설 주변 아파트 입주민들의 민원제기
다. LH측 공문발송과 유치원 설치물 철거대상 사진첨부
라. 교육적 손실을 최소화하면서 민원발생에 대한 원인제거를 위해 현재 논의중

2. 문제적 사태에 대한 유치원의 입장
가. 2016년부터 행복청-교육청-산림청-LH MOU 당 시 우선 필요한 것만 가시화하였다면 현재 숲유치원 운영을 위한 지원에 대해서 신중하게 고려해 볼 필요성 제기
나. 교육과정운영에 필요한 물질적, 법적, 제도적 지원을 해주어 야 함에도 역으로 괴화산 활용에 대해 매우 부정적으로 대응 하고 있음
다. 자연공원법 제27조(금지행위)와 제23조(행위허가) 항목 중 비닐하 우스 기타 조립식 가설건조물을 설치하는 행위를 위반하였다는 것에 대해
   1) 교육활동의 결과물이며 설치면적도 지극히 좁고 작은 것으로 미관을 해치거나 주민들의 생활에 불편을 주는 것이 아님
   2) 개인적 이익을 위하여 대규모로 설치한 것도 아니고 자연생태 계를 교란할 수 있는 시설물도 아님
   3) 고정물이 아니고 가변적인 구조물로 설치, 해체가 가능하며 유 아들이 안전하게 활용할 수 있도록 설치한 것으로 위험사고를 초래할 만한 구조물도 아님
라. 온 마을이 함께 키우는 아이로 자라게 하려면 주변기관 및 동네

주민들의 협조가 필수이며 민원인의 이해와 협조를 구해야 할 필요가 있음
따라서 본 유치원에서 설치한 구조물들을 불법으로 단정짓고 철거 하라는 요청공문은 제고하시기 바람

2. 재승인 요청의 이유
가. 사회적 측면
   마을공동체가 함께 참여하는 교육실현을 위하여 주민자치단체와 LH, 행복청 등의 협조가 반드시 필요함
나. 법적 측면
   교육기본법 제11조, 유아교육법 제8조에 따라 국가교육기관으로 설립된 공립숲유치원의 설립목적에서 알 수 있듯이 유치원을 둘 러싼 괴화산을 중심으로 교육활동이 이루어지는 것이 당연함
나. 교육적 측면
   1) 유아들이 자연 속에서 건강하게 뛰어 놀면서 아이다움을 찾아 주는 것이 개정누리과정의 취지의 일부이며 이에 입각한 숲을 활용한 놀이중심 교육과정 운영은 숲유치원에서 필수임
   2) 숲유치원은 숲체험활동을 중심으로 유아와 만들어 가는 발현 적 교육과정 운영을 위한 기관으로 숲을 자유롭게 활용하고 자 연물을 활용한 유아중심의 설치물 만들기가 반드시 필요함
   이에 본 원 교사와 유아들이 괴화산의 일부에서 숲교실을 만들고 교육활동을 위한 간단한 구조물 설치 등에 대해 승인해 줄 것을 간 곡히 요청함

2. 미승인 경우의 문제점
가. 숲유치원 설립취지를 살릴 수 있는 교육이 어려움
나. 자연을 되찾아주고 유아들의 놀 권리가 박탈됨
다. 숲교실이 현재 유아들이 직접 설계하고 만들면서 활용하고 있는

LH에 보낸 숲교실 승인 관련 공문의 일부

학부모님들이 LH에 보낸 숲교실 승인 관련 건의서 일부

대처해야 했던 원장선생님과 이곳 저곳 눈치 봐가며 아이들과 숲활동을 했을 선생님들의 노고가 참으로 컸다.

불과 몇 개월 전만 해도 주간교육계획안을 작성하여 각 가정으로 배부하고 짜여진 수업안을 놓고 교사 중심 수업을 했던 선생님들이 숲에 나가 아이들과 놀고 그 놀이에서 발현되는 것들을 관찰하고 지원하고 안내한다는 것이 얼마나 막연하고 무모한 도전인지, 두려워지기 시작했다. 드디어 이상적인 숲유치원에서 현실을 맞닥뜨리게 된 것이다.

"그냥 숲에 나가서 논다는 것이 얼마나 부담스러운지 모르겠어요. 교사로서 뭔가 직무 유기하는 것 같고, 아이들과 이야기 나누기나 새 노래 배우기나 동작활동 등등, 이런 구조적인 활동을 꼭 해야 할 것 같은 의무감에서 벗어나지 못하겠어요."

이러던 선생님들이 한 학기가 지나자 변화하기 시작했다.

"아이들의 놀이가 눈에 들어오고 이야기에 귀 기울이면서 진정으로 아이들이 원하는 것이 무엇인지 알게 되었어요. 동영상으로 사진으로 이야기로 기록하면서 그것들은 구체화되고, 다음에 아이들이 펼칠 놀이에 대해 기대가 생겨요. 이젠 숲으로 아이들과 자신 있게 나가서 놀고 언제 무엇을 어떻게 지원해야 할지 설계도가 바로 그려져요."

그 후 바로 성장중심기록화를 만들게 된 것이다. 진정으로 놀이를 이해하게 되고 심화 확장활동으로 발전시키는 아이들의 저력을 알게 되었다. 늦은 아이들에게는 기다림을, 급속도로 성장하는 아이들에게는 격려를… 아이들과 함께하는 순간순간을 행복해하시는 선생님들을 보면서 대한민국의 미래는 정말 밝다고 생각한다.

안전을 담보하는 숲활동에 자신감이 생기기까지 우리는 수십 차례 토론하고, 관련 문서를 찾아보고, 여러 전문업체에 문의해 보고, 이곳저곳 선진지를 견학했다. 우여곡절 끝에 안전부장을 중심으로 간단한 매뉴얼을 만들어냈다. 그러나 자연이라는 것은 변화무쌍하여 개발한 매뉴얼 역시 무용지물이 될 수도 있으며, 하루하루 살얼음판을 걷는 기분으로 숲에 나가야 하는 상황이었다. 설상가상으로 학부모들의 민원도 끊이지 않았다.

"아이들이 노는 숲에서 살모사가 나왔다는데, 대책은 있나요? 진드기나 벌에 쏘였을 때 혹은 멧돼지나 고라니를 만났을 때 어떻게 하실 건가요?"

뱀은 방울과 막대기로, 진드기나 벌에 쏘일 때는 에어건을 사용하거나 응급처치로 대처하고 가까운 병원으로 옮기는 등, 최선을 다해 민원에 응대하며 실제상황에서도 신속하게 대처했다. 이런 상황이 계속되던 2019년 1학

기가 지난 후, 우리 공동체가 내린 결론은 이랬다. '그럼에도 숲은 안전하고 편안하고 즐거운 곳이다.'

여전히 LH는 '길을 만들면 안 되고… 부러진 나무를 활용해서도 안 되고… 숲에 시설물을 달아서도 안 되고… 안 되고… 안 되고… 안 되고…' 그야말로 '안 되고'의 연속이었다. 여러 차례 숲교실을 방문한 LH 담당자가 "아이들이 노는 모습이 참 이쁘네요. 실은 아이들이 숲유치원에서처럼 놀아야 맞지요!"라며 긍정적인 생각을 했고, 점차 숲교실 사용에 대해 긍정적인 반응을 보이면서 숲속 비석 제거 등 지원까지 아낌없이 받게 되었다.

혼합연령으로 운영하는 학급에 대한 학부모들의 불만이 컸다. 만 5세 어린이들만 따로 단일학급으로 만들어 달라는 요구와 한글, 영어공부, 특성화 활동에 대한 민원이 하루가 멀다하고 들어왔다.

입학 전 숲유치원에 대한 4시간짜리 필수연수를 받았음에도 주변 상업화된 업체나 기관으로부터 오는 유혹과 이웃들의 잘못된 학습의욕에 대한 성화에 불안했던 것이다. 다시 원점으로 돌아가 민원을 제기한 학부모들을 설득해 갔고, 학급별 다모임을 통하여 학부모님들끼리 논의해 보게 했다. 결론은 "숲에서의 놀이가 유아기에는 반드시 필요하며, 어떤 프로그램보다도 훨씬 좋아요."라는 것이었다.

몸과 뇌는 연결되어 있다는 간단한 진리를 토대로 한, 저명한 교수님들의 뇌과학 강연과 맨발걷기와 숲생태교육에 대한 연수를 진행하고, 학급별 다모임과 숲교실을 중심으로 한 유치원 생활을 통해 아이들이 변화하는 모습을 보면서 학부모님들의 인식이 바뀌어갔고, 교육공동체 모두가 꾸준히 노력한 결과 유아기 놀이의 중요성을 새로이 인식하게 되었다.

모든 학급이 혼합연령으로 운영된다는 것에 걱정이 많았던 학부모님들은 처음엔 걱정과 염려로 민원을 제기하기도 했지만, 혼합연령운영에 대해 차츰 신뢰하게 되고 주변에 장점을 알리기 시작했다. 혼합연령학급에서 만 5세들은 놀이를 주도하고 이끌면서 리더로서의 역량을 키운다. 또한 동생들을 가르치고 안내하면서 자신이 스스로 만들어 낸 이론들을 정립하고 끊임없이 탐구하고 학습해 나가려는 모습을 보였다. 만 4세들은 멋진 형의 모습을 모델링하며 한층 성장이 빨라진다. 형들을 따르고 만 3세 동생들을 이끌며 인간사회의 질서를 배우고 넉넉한 마음을 기른다. 만 3세들은 학급에서 가장 사랑받는 귀염둥이가 된다. 형들과 선생님들의 모든 관심과 애정을 고스란히 다 받기 때문이다. 형들을 따르면서 사랑하고 존경하는 마음을 배운다. 문제가 생기면 선생님께 말씀드리기보다는 형들과 먼저 의논한다. 대체로 세대가 비슷하고 자신과 같은 처지에 있는 사람을 의지하듯이 아이들 또한 연배가 비슷한 형들의 의견이 깊이 다가오는 것이다. 그래서 우리 유치원은 선생님께 제기하는 아이들의 민원이 별로 없다. 아이들끼리 문제를 해결해 버리기 때문이다. 평교사 시절 단일연령학급에서 수업시간 내내 아이들의 민원에 시달리는 때와 사뭇 비교된다.

따라서 혼합연령학급에서는 다양한 연령대의 아이들이 서로 공감하고 이해하고 합의하고 배려하며 돕는 과정을 거치며 사회성이 발달하고, 외동 아이가 대부분인 핵가족 시대에 느끼고 공유하기 어려운 형제애, 가족애를 보강할 수 있다. 즉 혼합연력 학급에서 형의 역할과 동생의 역할을 확실하게 경험하면서 느끼는 형제간의 우애, 가족애, 공동체 정신을 기를 수 있는 것이다.

이젠 지역사회 주민의 민원이 우리의 발목을 잡았다. 한 가지 예다.

"회사에서 3교대하고 낮에 집에 와서 잠 좀 자려고 하면 아이들이 떠드는 소리 때문에 잠을 잘 수 없으니 숲에 아이들이 오지 못하게 했으면 좋겠다."

이런저런 민원은 지속적으로 제기되었는데, 유치원, 교육청, LH 등등 여러 기관에 여러 차례 반복되었다. 우리는 먼저 민원이 들어온 아파트와 숲교실 간의 거리를 추산했다. 가까운 숲교실에 가서 소음상태를 점검하고 수시로 체크했다. 그 후 몇 개의 숲교실을 다른 곳으로 이동했다. 그리고 숲유치원의 특성을 살린 교육과정 운영과 유아기 숲체험의 중요성 등을 담은 유치원 홍보지를 만들어 주변 유관기관과 아파트 관리사무실, 아파트 각 동 엘리베이터에 설치되어 있는 게시판에 부착하고 마을 주민들이 볼 수 있게 했다. 또한 동대표회의에 참석하여 유치원에서 이루어지는 교육에 대해 설명하며 양해를 구하고 자역주민들을 설득해주실 것을 부탁했다.

그 결과 점차 민원이 사라지고 오히려 협조하는 분위기로 바뀌었다. 지금은 지역주민과 함께하는 나눔행사(화분나눔 등), 달빛축제(온마을이 함께하는 축제), 동네마실데이 등을 계획하여 실행한다. 물론 코로나19 바이러스 때문에 많은 제약이 있지만 처음보다는 마음이 열리고 '유아교육을 위하여'라는 같은 목표를 바라보는 공동체가 되어가고 있다.

업무는 가볍게, 마음은 풍성하게

매일 숲을 다녀와서 하루하루 성장중심기록화를 작성하고 숲체험활동을 중심으로 한 유아 중심의 발현적 교육과정을 운영해야 하는 교사 입장에서는 교무실 컴퓨터 앞에서 공문을 처리할 시간이 턱없이 부족하다. 가벼운 공문 한 건만 처리한다손 치더라도 퇴근 시간을 훌쩍 넘기기 일쑤고, 근무시간 안에 마무리하려면 무엇인가를 포기해야 한다. 성장중심기록화나 학급별 전학공 준비 등, 더 중요한 것들을 제쳐두어야 하는 것이다.

업무지원, 업무경감 혹은 업무 간소화, 업무 합리화… 수없이 말은 들었지만 어떻게 어디서부터 실행해야 할지 참으로 난감했다.

원감으로서 교무행정팀을 꾸려서 지원해야 하는 상황이지만 원감의 위치도, 권한도 애매한 상태에서 어떤 형태로 협의해야 하는지, 어떤 지원을 해야 하는지도 알 수 없었다. 무엇보다 선생님들이 힘들어하는 것들을 맡아서 해보기로 하고 열심히 맡아 해드리려 했다. 우선 부딪치고 보자는 마음에서였다.

그렇게 1학기가 지나고 업무에 대한 협의가 이루어졌다. 먼저, 우리가 해야 하는 업무들을 모두 끄집어냈다. 큰 건에서부터 작은 것들까지. 그러고 나서 정리가 시작되었다.

- 담당 부서에서 다른 곳으로 이관되어 갈 것들
- 굳이 하지 않아도 되는 것들
- 아이들 교육과 직접 관련이 있는 것과 없는 것
- 교무행정팀이 전담해야 할 것들

브레인스토밍을 한 후 유목화한 것들을 다시 나누었다. 그렇게 나누어 보니 아이들 교육과 직접 관련 있는 것들은 부장님들을 중심으로 학급담임 선생님에게로, 그렇지 않은 보고공문 등은 교무행정팀이 자연스럽게 담당하는 형태로 조정되었다. 아이들 교육과 관련이 있어도 교무행정팀에서 지원해야 할 것들은 다시 이렇게 요청을 했다.

"원감에게로~~."
"행정사 선생님, 부탁해요."
"간호사 선생님, 도와주세요~~."
"행정실로 GO GO~~"

한 가지 업무를 한 사람이 전적으로 맡아서 하는 것은 참으로 비합리적이다. 그래서 업무협력팀을 만들었다. 물론 협의를 통해 민주적이고 자연스럽게 말이다. 교사 개개인의 희망과 능력에 맞춘 업무분장이리고 할까나?

일단 3개 팀으로 나누었다.

- 교무운영팀(부장: 이○주)
  교무(자체평가 포함), 인성, 다문화, 방과후, 장애, 돌봄운영

- 혁신운영팀(부장: 한○희)
  혁신업무, 연구, 전문적공동체 운영, 교재, 도서, 학부모, 연수

- 안전운영팀(부장: 손○화)
  안전교육, 숲놀이, 현장체험, 정보, 마을학교

먼저 희망하는 순으로 배정했다. 지원자가 한쪽 업무에 편중되었을 경우를 대비하여, 1. 제비뽑기, 2. 교육경력이 많은 자, 3. 생년월일이 빠른 자가 하기로 하고 제비뽑기를 했다. 결과는 이러했다.

- 교무운영팀: 이○주, 김○정, 정○원
- 혁신운영팀: 한○희, 최○임, 정○희
- 안전운영팀: 손○화, 이○연, 서○정

업무에 대한 그라운드 룰을 이렇게 만들었다.

- 수업(놀이 중심 교육과정 운영) 중심의 업무지원
- 팀별로 움직이되, 다른 팀과도 유기적으로 협력하기로 함
- 교육운영과 관련된 모든 기획은 모든 팀이 협의하여 결정하기로 함
- 학급별 자율적 교육운영에 대해서는 서로 존중하기로 함
- 숲놀이 중심 스토리를 만들기 위해 함께 만드는 수업참여 활성화
- 형식적인 것을 배제하고 자유로운 동료수업장학을 의무적으로 연 2회 실시

지금 이루어지는 업무 중 하나를 소개하면 이렇다. 학급담임들이 학습
자료 구입 요청을 하면 교무행정사 선생님들이 품의하고 납품되면 검수한다.
그리고 학급별로 분류해서 한 장소에 놓아둔 후 안내하면(이때, 원장선생님,

업무 재구조화를 위한 협의 장면

주무관님, 위생사님 때로는 학급담임선생님, 기간제선생님들이 도와주기도 함)
학급담임선생님들이 학급으로 가지고 가서 교육활동 시 활용한다.

이 과정에서 교무행정사 선생님들의 수고가 어마어마하다. 그러나 아무
불평 없이 아이들과 선생님들의 교육활동을 적극적으로 지원하시는 교무행
정사 선생님들의 수고에 늘 감사한 마음이다.

이것은 공동체 비전 공유을 비롯하여 평소 모든 것을 서로 소통하고 공
감하고 배려하는 분위기 형성이 매우 중요함을 의미한다. 이 부분에서 교무
행정사는 반드시 2명이어야 함을 강조하고 싶다. 특히 유아 스스로 하는 놀
이중심 교육과정 운영이 필수가 되어, 준비하고 지원해야 할 것들을 학급교
사 혼자 감당하기가 버겁기 때문이다.

유아들의 놀 권리를 찾아주는 공간선택권

마을로 들로 냇가로, 때론 학 트인 공간으로
맘껏, 힘껏, 소신껏 놀이를 하기 위한 놀이터로
교육공동체와 마을주민이 함께 기르는 아이를 위한 공간으로

아침 햇살이 따스한 어느 날, 길가에 핀 꽃들을 보며 산에 오르는 아이
들이 연신 노래를 부른다. 자연과 함께 시작하는 하루가 너무 즐겁고 행복
한 일상이기 때문이다.

항상 주어지는 유치원 일과를 짜여진 공간 안에서만 보내던 아이들은
숲공간으로 놀이공간이 바뀌면서 다양한 놀이상황을 연출 중이다.

하지만 숲에 가지 못하는 날도 있다. 태풍이 부는 날, 미세먼지가 심한
날, 너무 덥거나 추운 날, 비바람이 세차게 부는 날….

아이들은 그래도 자연과 놀고 싶어 한다. 우리 유치원 앞마당, 뒷마당,
열린데크 혹은 통창으로 자연을 접할 수 있는 교실에서라도 말이다.

우리 유치원에는 건물과 건물 사이 바람길이 있다. 그 바람길은 건물 사이 통풍은 물론 뒷마당과 앞마당의 연결통로가 되기도 하고, 아이들이 숲교실을 갈 때 건물 전체를 돌아서 나가지 않고 그곳으로 바로 통과하여 갈 수 있는, 그야말로 보물찾기 같은 공간이다. 아이들은 그 좁은 공간에서도 놀이를 펼친다.

비 오는 날 장화 신고 숲교실에 다녀오다 장화를 걸어두고 말리기도 하고, 바람벽 밑에 설치된 데크 끝에 앉아 쉬기도 한다. 앞마당에는 조합놀이터 대신 흙산과 모래놀이, 흙놀이, 목공놀이 등을 위한 공간이 있다. 흙산에서는 미끄럼도 타고, 뛰고 달리기도 하고, 머드팩을 하고 누워있기도 하고, 물길을 만들어 물놀이나 흙놀이도 한다. 앞마당에서 열린 현관으로 내려오는 언덕이 있다. 그곳에서는 풀썰매를 타기도 하고 뒹굴기도 하고 암벽타기, 아니, 흙벽타기도 한다.

뒷마당에서는 아이들이 좋아하는 토끼와 닭을 기른다. 아이들은 먹이를 주기도 하고, 닭이 알을 낳는 모습을 보기도 하고, 부화기에 알을 넣어 병아리가 태어나는 모습을 보기도 한다. 물론 대부분 부화가 안 되긴 하지만…. 토끼는 캐리어에 넣어 숲에 데리고 간다. 숲교실에 토끼장을 만들고 그곳에 풀어놓고 같이 논다.

교실 앞에 있는, 흔히 말하는 복도공간은 그냥 열린데크로 되어 있다. 교실 문을 늘 열어두고 교실 공간과 연결하여 연장된 놀이공간으로 활용한다. 이 열린데크에서는 요리활동도 하고, 텐트를 설치해서 캠핑놀이도 하고, 이쁜 탁자와 의자를 놓고 커피숍놀이나 다도놀이를 한다. 때로는 자리를 깔고 누워서 하늘을 보기도 하고 책을 읽기도 한다. 이젤을 놓고 그림을 그리고 동시를 짓기도 한다. 그네와 해먹을 달아 타기도 하고, 팔방놀이와 딱지치기를 하기도 하고, 발줄넘기, 긴줄넘기 등도 한다.

이렇게 열린데크를 만든 것은 아이들이 교실 문을 열고 나오는 동시에 자연을 바로 접할 수 있게 하기 위해서였다. 처음엔 추울까? 너무 덥지 않을까? 눈이 오면 얼어버려 아이들이 넘어지지 않을까? 몹시 불안했다. 그러나

1학기를 지나면서 아이들과 선생님들의 만족도가 매우 높아졌고, 지금은 없애면 안 되는 공간이 되었다. 물론 나무로 되어 있으니 해마다 오일스텐을 칠해야 하는 번거로움과 비용 부담, 청소의 어려움 등이 있지만 아이들이 놀이공간으로 만족도가 더 높기 때문에 그런 문제를 충분히 감내하고 있다.

숲유치원 준비위원으로서 아쉬웠던 점은, 시설설비와 건축설계에서 유치원 권리자를 비롯한 현장교사가 한 사람도 참여하지 않았다는 것이다.

다행히도 우리 유치원은 숲유치원을 오랫동안 운영한 임재택 교수님과 놀이중심 교육과정을 만드신 정경자 장학사님께서 함께하셨기 때문에 이런 공간이 나올 수 있었다. 너무도 감사한 일이다. 그러나 아쉬운 점도 적지 않다. 특별실이 하나도 없다는 것, 교실과 앞마당, 뒷마당 공간이 조금 작다는 것, 물놀이, 불놀이를 할 수 있는 공간이 없고 시설을 갖출 수 없다는 것 등이다. 학부모회 활동이 활발한 요즘 학부모동아리실조차 내어 드릴 수 없는 실정이다.

따라서 나는 감히 제안하고 싶다. 기존 건축전문가들과 행정가들이 모여서 만들던 미리 짜여진 구조화된 공간이 아니라, 이런 것이다.

- 아이들과 공동체가 함께 만들어가는 가변적인 공간구성이 무엇보다 필요하며,
- 설계 때부터 유치원 운영주체, 즉 관리자, 현장교사, 학부모가 반드시 참여
- 열린데크, 바람길, 넓은 특별실, 각실 통창, 교직원 복지시설은 필수
- 숲유치원 운영 등 놀이중심 교육과정에 관한 지식이 있는 사람들이 참여
- 놀이중심 교육과정에 대한 철학과 방향에 대해 건축에 참여하는 모든 사람이 알고 공유해야 함
- 선진 유아교육기관을 벤치마킹하되, 우리 유치원만의 철학과 비전을 가지고 교육과정 운영을 위한 공간으로 혁신이 중요

솔빛숲유치원 전경. 위부터 봄, 겨울. (사진: 이동호)

교육 3주체 참여를 위한 학부모회 운영

글자·숫자 공부, 재능 교육을 중시하던 풍조에서
자연주의 숲생태교육의 중요성을 주장하는 학부모로
협조와 요구만 바라던 것에서 참여 주체로
함께하는 교육공동체 일원으로 거듭나기

2019년, 늘 아쉬운 마음으로 만났다가 뭔가를 말하고 싶은데 머뭇거리다 돌아서는 학부모님들이 계셨다.

그즈음 세종시교육청에서 '학부모학교참여' 사업을 공모했다. 학부모님들의 참여가 무엇보다도 절실했던 우리는 사업을 신청했고, 드디어 선정되어 학부모동아리(아버지회 포함)를 모집했다. 처음엔 30명 정도 인원이 모여졌고, 동아리 형태를 숲 동화나라(동화책읽기 모임), 조물조물(자연물 놀잇감 만들기), 숲나라(아버지회 숲교실 정비모임)으로 구성했다. 조물조물 자연물 놀잇감 만들기 동아리는 5월부터 12월까지 17회기를 만났으며, 발도르프 가족인형과 나무블럭 등을 제작하고 만남의 날을 운영했다. 아버지회는 연 2회 전체 아버지들이 와서 숲정비를 하셨고, 온 가족이 함께 유치원에서 제공한

2019 학부모 동아리 연간 활동계획

월		주제	활동 내용
5월	1회	연간세부계획 수립	연간세부계획 수립 및 일정 논의
6월	4회	인형 제작	전문가 초청 연수와 함께 진행
	1회	전문가 초청 연수	기적의 맨발걷기 강사초청 연수
7월	1회	동아리다모임	1학기 동아리모임 평가회
9월	4회	나무블럭 제작	전문가와 함께하는 놀잇감 만들기
10월	4회	나무블럭 제작	전문가와 함께하는 놀잇감 만들기
11월	1회	전체 동아리 만남의 날	보물찾기, 술래잡기 등 숲놀이 중심의 가족소풍
12월	1회	텃밭 가꾸기(평일)	텃밭 및 숲교실 정비활동

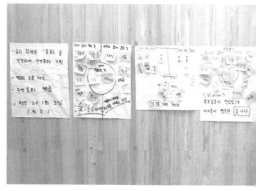

2019 학부모 동아리 활동. 동아리 첫 모임(왼쪽)과 동아리 협의사항(오른쪽).

간식을 먹으며 인사를 나누었다. 학부모회가 정식으로 발족되지는 않았지만 권택환(대구교대, 맨발학교장) 교수님을 모시고 연수를 진행하고, 엄마 아빠와 함께하는 맨발걷기를 하고, 요리활동을 진행했다.

그러나 2019년도 학부모 운영은 살짝 아쉬운 점들이 많았다. 처음에 30명이 모였고 동아리 인원만 해도 15명 이상의 학부모님들이 오셨는데, 나중에는 3~5명 정도만 참여한 것이다. 그 원인을 분석해 보았다.

- 학부모 학교참여 실적을 위해 유치원에서 활동계획을 세웠다.
- 학부모회 운영비를 유치원에서 제안하고 수락해야만 사용할 수 있게 했다.
- 자치적으로 만들기보다 학부모님들의 간섭이 자칫 교육운영의 자율권을 침해하지는 않을까 하는 염려에서 유치원에서 주관하고 학부모님들의 참여를 최소화하려 했다.
- 학급다모임과 학부모 자치모임에 대해 교사들이 두려워했지만, 교사가 주도하는 모임 형태로 바뀌어 갔다.
- 학부모님들도 어떻게 참여하고 운영해야 할지 몰라서 어려워했다.

드디어 2020학년도 학부모회를 발족할 수 있게 되었다. 학부모총회를 열고, 학부모대의원회를 구성하고, 나머지는 학부모님들의 자율에 맡겼다.

이어서 소통분과, 아버지회, 동아리회를 만들어 각각의 분과에서 운영계획를 만들고, 각자 소신대로 운영하시게 했다.

그런데 코로나가 터졌다. 계획했던 모든 활동이 취소되고 축소되는 과정에서 다들 상실감을 느꼈다. 2020년도 1학기에는 아무것도 할 수 없었다.

2학기가 되어서야 동아리회에서 천연비누, 모기퇴치제를 만들어 각 학급에 배부하고 지역사회와 함께하는 화분 나눔을 했다. 대의원회에서는 교사-학부모 연석회의를 주관했다. 소통분과에서는 학급다모임을 몇 번 주관하는 정도에 그쳐야 했다. 그러나 학부모님들의 열망은 2019년보다 훨씬 더 커져만 갔다. 학부모회 운영에 대한 기획에서부터 운영비 사용에 대한 자율권을 드렸기 때문이다. 사람은 누구나 자율과 창의적 활동을 보장하고 인정할 때 의욕이 생기는 것 같다.

2021학년도, 이제는 제대로 된 학부모 자치가 실현되고 있었다. 새롭게 발족한 학부모총회, 대의원회, 소통분과, 학부모동아리, 아버지회가 만반의 준비를 마치고 활동할 수 있기만을 기다린 것이다. 코로나 수칙을 철저하게 지키면서 학부모 동아리회에서는 4개 분과(일러스트분과, 공예분과, 음악분과, 그림책분과)를 만들어 활동했고, 아버지회에서는 숲정비, 숲청소를 이어 나갔다. 소통분과에서는 학급다모임 공지와 유치원 협조사항을 그때그때 전체 학부모에게 전달하면서 직접, 간접적으로 유치원 교육운영에 참여하고 있었다.

2021 달빛축제는 교사와 학부모회가 함께 기획하고 운영한 놀라운 이벤트였다. 동아리회와 아버지회가 적극 참여했는데, 동아리회 그림책분과에서는 그림책을 활용한 동극童劇을, 공예분과에서는 천연비누만들기를, 음악분과에서는 칼림바 연주를 했다. 일러스트분과에서는 팸플릿과 홍보물을 만들어 배부했고, 그 외에도 아버지회와 함께 돌발코너, 보물찾기, 나무박수, 장애물넘기, 행복낚시 등을 운영했다. 너무 즐겁고 신나는 하루였다.

그 과정에서 몇 가지 깨달음이 있었고, 이는 우리 유치원의 장점으로 부각되었다.

- 학부모 학교참여는 자율적으로 할 때 성과가 크다.
- 교육공동체가 함께하는 교육운영은 아이들 교육을 위한 활동이 중심이 되어야 한다.
- 자치적으로 만들고 함께 참여할 때 소속감과 긍지 그리고 활동 에너지가 생긴다.
- 처음엔 망설이고 두려워하던 선생님들이 이제는 응원하고 함께 참여하는 분위기로 바뀌었다.
- 어떻게 참여하고 지원해야 하는지 길라잡이가 된 초창기 학부모회원님들을 중심으로 원활하게 이끌어가는 학부모회가 되었다.

일러스트분과에서 만든 각종 안내문 및 홍보지

동아리회 모집 홍보지

학부모 연수 안내문

공예분과 만들기 홍보지

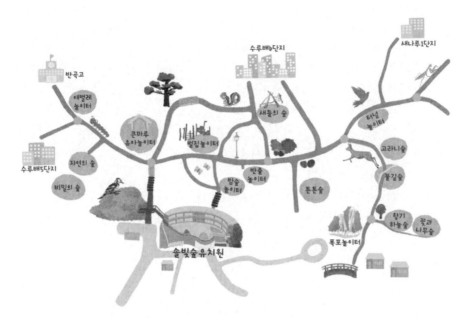

숲교실 지도

삶과 앎이 하나 되는 교육을 꿈꾸며

유치원의 열린 공간은 하루하루 펜션에 오는 듯한 느낌이었으며, 출근 자체가 힐링이고 행복이었다. 매일 이루어지는 숲체험활동을 중심으로 한 교육활동은 교사, 아이들, 학부모 모두에게 신비하고 즐거운 경험이었다.

아이들은 하루를 시작하기 전 뇌를 깨우는 시간, 맨발걷기를 통해 전체 어린이와 선생님을 마주하며 인사를 나눈다. 이를 통해 고운 인성과 건강한 몸을 기른다. 콧노래를 부르며 숲속으로 향하면서 '숲속 걷기'를 통해 온갖 형태의 자연을 접하게 된다. 이때 만나는 돌, 풀, 꽃, 나무, 이끼, 새집, 새알, 도토리, 나무뿌리, 다람쥐, 고라니, 각종 벌레와 곤충 등은 자연히 놀잇감이 되고, 각자 생각대로 놀이를 만들고 자유롭게 놀면서 아이들은 행복해한다.

정답도 선생님의 강요도 없는 놀이터에서 매일 달라지는 자연이 놀잇감이 되어 순간순간 창의적인 놀이가 생겨나고, 자신의 의지로 스스로 하며 때때로 변화하는 놀이는 싫증이 나지도, 지겨워지지도 않은 재미난 놀이인 것이다.

숲속을 걷는 동안 보이는 강아지똥(애견), 과자봉지, 각종 빈 병들을 보면 아이들이 곧바로 주워서 쓰레기봉투에 넣는다.

"숲속 친구들이 사는 곳이니 함부로 쓰레기 버리지 마세요",

"코스모스가 쉬는 곳",

"다람쥐들을 위하여 남겨주세요",

"자연을 살려주세요"

등의 푯말을 아이들이 스스로 만들어 세워둔다.

숲속에선 따로 교육하지 않더라도 자연을 보호하고 환경을 보전하자는 마음이 바로 형성된다. 이것은 미래 환경보호를 위해 대단히 고무적인 일일 것이다.

각자의 숲교실에 도착하면 숲을 깨우는 의식을 한다. 전래동요를 부르며 줄을 서고, '아침시'에 맞춘 자연을 위한 동요를 부른다. 그러곤 자연에게 인사한다. "꽃아, 나비야!! 잘 있었니? 오늘 아침에 우리는 또 놀러 왔단다. 너희가 있는 이곳에서 놀아도 되니?" 자연에게 허락을 받은 아이들은 신나게 논다.

'달콤한 맛도, 향기도, 쓰레기도 없는 간식'을 먹으며—주로 방울토마토, 오이, 당근, 파프리카 등등—아이들은 체력을 보충한다. 행복한 자연 속에서 먹는 간식은 그야말로 꿀맛이다. 평소 손대지도 않던 채소도, 과일도, 곡식도, 각종 열매도 아이들은 이젠 스스럼없이 먹는다. 숲속에서도 상상력과 독창성을 기르는 역할놀이가 이루어진다. 죽은 나뭇가지로 집을 지어 '식품마트'를 만들고, 주워온 나뭇가지는 돈이 되고, 돌멩이와 각종 열매를 모아 식품을 만들어 팔고 사고 음식을 만들어 친구들과 나누어 먹는다. 아이들은 걷고, 달리고, 나무에 오르거나 매달리면서 또는 밧줄을 타고 산등성이를 오르며 몸의 균형을 잡는 법을 터득한다.

실내교실에서처럼 싸우지도 경쟁하지도 않는다. 넓은 대자연이 나의 놀이공간이고 온갖 자연물이 놀잇감이므로 싸울 필요가 없는 것이다. 아이들이 숲교실에서 내려오면 교실 뒤편에 있는 텃밭이 반겨준다. 아이들은 너나할 것 없이 자신이 맡은 텃밭에 물을 주고 풀을 뽑는다. 작물을 직접 정하고 고르고 심었기 때문에 애정이 솔솔 솟는다. 수확한 작물로는 효소 담그기도 하고 전 부치기도 하고… 여러 가지 요리활동을 한다. 가지나 뿌리는 관찰하거나 미술놀이에 활용하기도 한다.

숲놀이와 함께 우리 조상들의 슬기가 담긴 세시풍속을 배운다. 해도 해도 질리지 않는 신기한 전통놀이 씨름, 투호, 창포 머리 감기, 쪽 염색, 그네 뛰기, 비석치기, 단오부채 등에 빠져들어 신나게 논 경험을 숲으로 가지고 가서 신나게 놀기도 한다.

"숲은 뛰놀 수 있는 공간, 고요의 공간, 집중할 수 있는 공간입니다. 신선한 공기 속에서 뛰어놀면 감각기관이 자극돼 집중력 인내력 창의력을 기를 수 있습니다." 독일 숲유치원의 어느 학부모의 말처럼 숲은 그 자리에서 우리에게 많은 것을 허락하고 깨닫게 한다.

자연과 함께 유아의 삶과 앎이 하나 되고 스스로 배워가는 놀이중심의 행복한 유치원을 만들어 가는 지금, 평생의 꿈이 이루어지는 행복한 삶의 터전이다.

솔빛숲유치원에서 근무하는 나날들이 보람차고 너무 행복하다.

끝으로 아이들과 매일 숲활동을 하시는 선생님들과 숲교실 운영을 위하여 매일 숲을 돌아보며 정비해주시는 원장 선생님, 안전지킴이 선생님, 주무관님, 솔빛숲학부모회 회장님을 비롯한 회원님들, 소통분과, 수피아동아리분과, 아버지회분과에서 활동하시는 학부모님들, 유치원 안팎을 매일 깨끗이 청소해주시는 하모니 선생님, 위생사 선생님께 진심으로 감사드립니다.

숲교실 놀이 이야기

흙탕물 워터파크에서 에코브릿지까지

자연의 숲_ 이현주

관심에서 실천으로
두려움에서 즐거움으로
상상과 현실이 하나 되는 행복한 자연 속에서

관심의 시작

올해는 장마철이 되기 전에 유난히도 비가 잦았다. 빗물이 고여 생겨난 작은 웅덩이와 황토흙이 섞이면서 진흙놀이가 자연스럽게 이루어졌다.

골라 먹는 식당(아이들의 소꿉놀이 공간)에서 아이들은 진흙을 이용하여 반죽을 하고 공 모양 등 여러 가지 모양으로 빚어가며 다양한 음식을 만들어내는가 하면, 물의 농도에 따라 흙탕물을 저어서 국물 요리를 만들기도 하고, 걸쭉하게 만들어 그릇을 뒤집으며, 흘러내리지 않는 것을 마술이라며 보여주기도 했다.

비가 많이 온 다음 날, 아이들은 진흙놀이를 하려고 민주주의호(나무를 파낸 웅덩이에 만들어진 배 이름)로 달려갔다가 커다란 물웅덩이가 만들어진 것을 발견했다. 뿌연 흙탕물을 보더니 아쉬워하며 한 아이가 말했다.

"이렇게 물이 많으면 진흙 공을 만들 수 없겠는걸."

물이 너무 많아서 진흙을 뭉칠 수 없게 된 것이 아쉬워서 한참을 바라보다가 다른 아이가 말한다.

"이 물을 버리면 되겠네."

아이들은 다양한 크기의 그릇을 가지고 와서 물을 웅덩이 밖으로 퍼내기 시작했다.

진흙으로 만드는 다양한 놀이

물을 퍼내다가 시작된 흙탕물 미끄럼

웅덩이에 고인 흙탕물을 퍼내면서 옷과 신발은 흙탕물 범벅이 되었다. 아이들이 쏟아부은 흙탕물은 경사를 따라 언덕 아래로 흘러내렸다. 이를 지켜보던 한 아이가 말한다.

"진흙 미끄럼틀이네. 한번 타 볼까?"

엉덩이를 진흙 바닥에 대고 경사로를 미끄럼틀 타듯이 아래로 쭉 미끄러져서 내려간다.

이를 옆에서 지켜보던 아이들이 '깔깔깔' 웃더니 다른 아이가 "나도 타 볼래."라며 엉덩이를 진흙 바닥에 대고 앉는다. 그 모습을 보고는 또 다른 아이가 말한다. "야, 엉덩이에 구멍 나겠다."

흙탕물 웅덩이 물 퍼내기

　　진흙 미끄럼을 타는 아이들을 바라보며 웃는 아이들, 옷 버릴까 봐 걱정스러워하던 아이들은 어느 순간 누가 먼저랄 것도 없이 미끄럼을 온몸으로 타기 시작했다.

형! 진흙 미끄럼 엄청 재밌어!

교사의 지원

- 다양한 크기의 그릇 제공하기
- 흙탕물 미끄럼틀 주변 풀 등 위험요소 정리하기
- 의견 모으기, 상호작용하기

나도 진흙 미끄럼 탈래!

타는 방법도 가지가지

괜찮아! 옷은 빨면 돼

숲에서 다른 놀이를 했던 아이들에게 흙탕물 미끄럼틀 사진과 동영상을 소개하며, 더 재미있게 놀기 위해 필요한 준비물과 놀고 난 느낌 등에 대해 이야기를 나눈다.

(민주주의호 사진을 보며) "여기는 흙탕물 워터파크고(민주주의호), 여긴 흙탕물워터 슬라이드 같아요."

"워터 슬라이드가 더 재미있게 비가 아주 많이 왔으면 좋겠어요."

비가 많이 와서 진흙공 놀이를 못 한다며 아쉬워하던 아이들이 이젠 반대로 비가 많이 와서 커다란 물웅덩이가 되기를 바라고 있다.

교육공동체 지원

- 학부모 매일 여벌 옷 챙겨서 다니기
- 교직원 여벌 옷 갈아 입히기
- 청소위생사 교실 이동 시 데크 황토 정리
- 안전지킴이 및 시설 주무관 물웅덩이 및 워터슬라이드 주변 위험요소 제거

작은 폭포에서 물길 만들기까지

6월은 비가 자주 왔다. 비 온 다음 날, 지난주 민주주의호에 작은 물웅덩이가 만들어진 것을 아이들이 기억했다. 아이들은 민주주의호에 물웅덩이를 확인하기 위해 놀이가 시작되자마자 재빨리 언덕 아래로 달려가는 것이 놀이의 일상이었다. 아이들의 기대만큼 물웅덩이가 만들어졌다. 아이들은 지난주에 했던 대로 그릇을 가지고 와서 웅덩이에 있는 물을 담아 경사로 아래로 부었다.

(이 모습을 지켜보던 한 어린이가) "이건 폭포잖아!"
물을 붓던 아이들이 신나서 웃는다.
"우리 폭포 만들까?"

이렇게 작은 폭포 놀이가 시작되었다. 저마다 크기와 모양이 다른 그릇에 담아 온 웅덩이 물이 경사로 아래로 쏟아졌다. 물이 쏟아지는 동시에 땅 위로 튀어오른다.

교사 "폭포처럼 흐르려면 물이 엄청 많아야겠는걸."
유아 1 "아니면 물이 좁게 흐르게 길을 만들어주면 어때요?"

한 유아가 모종삽을 가지고 오더니 구덩이를 파서 물길을 만든다.

유아 2 "여기로 부어."

옆에서 지켜보던 아이들도 하나 둘 모종삽을 가지고 오더니

유아 3 "나도, 나도 물길 만들 거야!"
유아 4 "나도 모종삽이 필요한데, 없어요."
교사 "그래. 그럼 어떻게 하지? 모종삽을 대신해서 땅을 팔 수 있는 게
　　　 없을까?"

자연스럽게 아이들이 물길을 만들기 위해 숟가락, 주걱, 나뭇가지 등을 들고 경사로 아래로 골을 파면서 긴 물길을 만들기 시작했다. 제각기 다른 크기와 모양의 그릇으로 웅덩이에 고인 물을 끊임없이 담아다 붓는 아이들. 경사로 아래에서 삽으로 땅을 파고 물이 내려오는 방향을 살피며 길을 만드는 아이들. 누가 뭐라고 지시하는 것도 아닌데, 각자 제 역할이 주어진 듯 최

선을 다한다. 위에서 쏟아부은 물이 자신들이 파 놓은 물길을 따라 흘러 내려오는 모습을 지켜보며 아이들은 환호성을 친다. 그리고 곧 재빨리 물이 내려오는 속도에 맞춰서 땅을 파고 길을 만들어준다.

계획된 것은 없었지만, 물이 막힘없이 잘 흐르도록 물길을 만든 협동작품이었다.

폭포 만들기

물길 만들기

물길 만들기

놀이의 고민

기다리는 비는 오지 않고, 고였던 물도 마르자 아이들은 3층(자연의 숲은 1층, 2층, 3층으로 나뉘어 있음)에 있는 수돗물을 퍼 나르기 시작했다. 작은 그릇 큰 그릇 열심히 퍼서 날랐지만, 거리가 멀어서 물길까지 오면 그릇에 반도 남지 않았다. 너무 무거워서 힘겨워하기도 했다.

유아 1 "선생님, 물 나르기가 너무 힘들어요."
교사 "좋은 방법이 없을까?"
유아 2 "바퀴 달린 큰 그릇에 물을 넣고 힘을 모아서 같이 날라요."
교사 "그렇게 해볼까?" (점심시간이 다가와서 다음에 시도해보기로 한다.)

교사의 지원

시행착오의 시간 주기와 기다림: 아주 작은 컵부터 무거운 프라이팬까지 다양한 그릇을 들고 아이들은 1층에서(흙탕물 미끄럼틀) 3층(텃밭의 빗물저금통: 물통)까지 물을 열심히 날랐지만, 물길 따라 흘러내리게 할 물이 적어서 계속 물 나르기를 해야 했다. 물 나르느라 고생하는 아이들을 바라보며 기다리는 시간이 교사에겐 꽤나 힘든 인내의 시간이었다. 이에 교사들은 3층의 수도시설을 직접 연결해 주고 싶었지만, 아이들이 다양한 방법을 생각하고 요구할 때까지 좀 더 시간을 주기로 했다.

에코브릿지 만들기

비가 오지 않는 자연의 숲에서는 아직도 흙탕물 워터파크 놀이가 계속되었다. 바퀴 달린 큰 그릇에 물을 담아 힘을 합쳐 날라보기도 했지만, 여전히 힘들었다.

교사 (물을 날라 와서 약간은 지친 유아들을 보며) "물이 쉽게 흐르게 할 방법은 없을까?"
유아 1 (고민하다가) "빗물 저금통을 이쪽으로 옮겨요. 그리고 선생님이 쓰는 파란 그거를 (수도 호스) 이쪽으로 옮겨주면 좋겠어요."

아이들이 드디어 쉬운 방법을 생각해냈고, 말이 나오자마자 물통(빗물저금통)을 흙탕물 워터파크 가까운 곳으로 옮겨주었다.
아이들이 물을 길어다 붓자 물 흐름이 좋아지고, 물살도 더 빨라졌다. 한 유아가 물에 빠진 곤충을 한 마리 발견했다.

유아 5 "곤충이 물에 빠졌어. 우리가 구해주자."
교사 "어떻게 구해주지?"
유아 6 (주변을 둘러보다가 나뭇잎을 따 온다.) "이 나뭇잎을 띄워주면 될 것 같아요."

아이들은 나뭇잎을 여러 장 겹쳐 이어서 나뭇잎 다리를 만들어주며 뿌듯해한다.

아이들은 주변을 둘러보더니 썩은 나무껍질 등을 가져와서 물길 이곳저곳에 살짝 올려놓는다. 물길을 파다 식물의 뿌리가 나오면 제거해 달라고 하지 않고, 식물 뿌리를 생태다리로 이용한다.

유아 7 "이렇게 다리를 만들어주면 곤충이나 벌레들이 물길을 안전하게 건너 갈 수 있어."

비록 작은 다리지만, 아이들은 물길을 만들면서 놀다가 동물을 위한 생태다리(에코브릿지)를 놓아주게 되었다.

큰 그릇에 힘을 합쳐 물 나르기

자연생태다리

나뭇잎 다리 놓아주기

썩은 나무껍질 생태다리

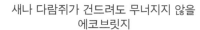

식물 뿌리를 이용한 나뭇잎다리 놓아주기

새나 다람쥐가 건드려도 무너지지 않을
에코브릿지

놀이의 의미 들여다보기

비가 온 숲은 아이들을 민감하고 적극적으로 탐색하게 만들고, 탐색에 기반하여 몰입도가 높은 놀이를 창조해 낸다. 날씨 변화로 아이들은 자연스럽게 새로운 놀이를 만들어 내고 바쁘게 움직이면서 놀이에 빠져들고 즐거워한다. 신발과 옷, 손과 얼굴은 점점 진흙투성이가 되었지만, 아이들은 비온 후 변화된 자연 현상을 이해하고 자연을 탐구하는 태도를 기르면서 추억을 쌓고 성장하고 있다. 흙과 물이 섞여 반죽이 되고, 농도를 조절하여 조물조물 놀이하던 아이들. 생각지도 않게 물이 많아지자 조물조물 흙놀이를 하기 위해 물웅덩이의 물을 퍼내려다가 흙탕물 미끄럼 놀이를 하고, 이젠 비가 많이 오기를 기다리게 되었다. 흙탕물 미끄럼 놀이를 하려다가 폭포가 되고, 물이 많이 필요하자 물길을 파서 냇물을 만든다.

같은 숲 공간에서 아이들은 같은 듯 다른 다양한 놀이를 창조해내며 논다. 놀이 속에서 발견한 생명을 걱정하여 에코브릿지를 만들어주고 뿌듯해한다. 자연의 숲에 다시 비가 오면 흙탕물 물길 놀이는 다시 시작될 것이고 다음 해에도, 그다음 해에도 네버엔딩 스토리가 끊임없이 이어질 것이다.

아낌없이 주는 뽕나무

비밀의 숲_ 한정희

우리가 신나게 뛰노는 비밀의 숲에는 얼마나 오래 살고 있었는지
알 수 없지만 아낌없이 주는 '뽕나무'가 있다.
아이들이 신나게 오르락내리락^^
나무타기, 모험놀이 하던 나무가 그렇게 많은 오디를 품고 있었는지
아무도 알지 못했다. 추운 겨울을 이겨내고 따뜻한 봄에
건강한 새순을 내버번 뽕나무가 5월이 되어 초록의 열매를
품기 시작하고 하루가 다르게 점점 빨개지다가
나중에는 까맣게 잘 익은 튼실하고 알이 꽉 찬
오디 열매를 비밀의 숲에 뿌려주기 시작했다.

뽕나무가 너그러운 마음으로 베풀어준 오디를 정성껏 모아서 깨끗하게 씻은 다음 맛있게 냠냠!! 뽕나무가 없는 다른 숲 친구들까지 우르르 몰려와서 비밀의 숲은 솔빛숲에서 가장 인기 있는 장소가 되었다.

넉넉한 뽕나무의 마음을 닮아 우리도 오디를 나눠주며 베푸는 넓은 마음도 경험하고, 친구들이 북적북적한 비밀의 숲은 전보다 더 활기가 넘쳤다.

오디의 맛과 색깔, 느낌 등을 온몸으로 경험하고 난 뒤 역시 놀이 전문가인 우리 귀염둥이들은 오디를 이용한 다양한 놀이를 시도하기 시작했다.

뽕나무가 베푸는 오디놀이 1_ 골라 먹는 식당 오디 요리

비밀의 숲 곳곳에 떨어진 오디 열매가 오디 쿠키, 오디 케익, 오디 주스로 변신하는 '골라 먹는 식당 오디 요리'

오디 알이 쏙쏙 박힌 오디 쿠키와 달콤하고 맛있는 오디 주스까지 ^^

우리가 열심히 굽고 튀기며 만든 오디 요리는 비밀의 숲을 방문하신 원장선생님께 대접도 하고, 여러 손님의 주문을 받아 비밀의 숲 곳곳을 누비며 배달하기도 했다.

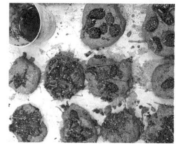

뽕나무가 베푸는 오디놀이 2_ 빗물저금통에서 만드는 마법 오디 주스

비 오는 어느 날,

(빗물저금통에 생각보다 빗물이 잘 차오르지 않아 실망한 은행1반 친구들을 위해 빗물 저금통을 뽕나무 옆 하늘이 뚫린 곳으로 놓고 난 다음 날)

비도 조금 많이 내리고 평소보다는 조금 많은 양의 빗물이 빗물저금통을 채워서 아이들은 놀이에 빗물을 열심히 사용했다.

그런데! 저금통 속 물이 보라색이 되어있었다.

'어? 왜 물이 보라색이지?'라는 선생님의 질문에 '내가 빗물저금통에 오디를 던져 넣었어요'라고 신나게 자랑하는 귀염둥이, 주변에 지천으로 널린 오디 열매를 빗물저금통에 던져 넣은 것이다.

하지만 그 자랑도 잠시, 아이들은 국자와 도구 등으로 물속에 있는 오디를 열심히 건져내고 있었다. 빗물저금통의 수도꼭지가 막힐 것을 우려한 부담임선생님의 '얘들아, 오디 때문에 수도꼭지가 막히면 어떻게 하지?'라는 한 마디에 오디를 다시 건져내는 것이었다.

그 순간!! 선생님들은 서로 눈을 마주한 채 같은 고민에 빠졌다.!!!!

오디를 건져내는 것마저 신나 하는 아이들을 보고 '그냥 저렇게 신나게 놀이하게 두는 게 좋을까?' '수도꼭지가 막혀서 빗물저금통이 고장 나면 어

떻게 하지? 앞으로 빗물저금통에 활용할 일이 많을 텐데…'라는 우려 등, 하지만 그런 갈등도 잠시, 선생님들이 웃으며 동시에 내뱉은 말은

"그래, 너희들 하고 싶은 대로 마음껏 놀아~~~~"

"와~~" 하는 즐거운 비명소리와 함께 아이들은 넓은 빗물저금통에 다닥다닥 붙어서 주워온 나무막대로 열심히 오디물을 휘젓기 시작했다.

조금 높이 있는 빗물저금통을 바닥으로 내려 주고 더 많은 오디를 친구들이 주워 오기 시작하면서 아이들은 점점 더 흥분된 목소리로 "오디 주스 만들기야", "아니야, 이제는 오디 죽이 되었어."라며 소리치고 있었다. 빗물저금통 주변에서 각자의 생각들을 이야기하고 서로의 목소리가 섞여 점점 더 소란스러워지자 "얘들아, 잠깐만 내 말을 들어봐. 국자를 가진 사람은 오디를 누르고, 주걱을 가진 사람은 오디를 저어줘"라며 친구들의 역할을 전해주는 사람이 생기고, 아이들은 또 신나서 오디 죽이 된 오디 주스 만들기에 몰입했다.

물론, 막힌 수도꼭지를 열심히 뚫어내는 것은 선생님의 몫이지만.

"너희들이 신나고 재미있었으면 다~~ 괜찮아!"

빗방울은 점점 더 거세지고 하나둘씩 춥다고 이야기하는 친구들도 생겨나기 시작해서 선생님들은 두 번째 갈등에 휩싸인다.

'신나게 몰입하는 친구들의 놀이를 위해 놀이를 더 해야 하나?'

교실로 돌아가자는 제안에 친구들은 격렬하게 반대 의사를 표현했다.

'춥다고 하는 친구들을 위해 정리하고 들어가야 하나?'

춥다는 친구들이 점점 늘고 있었고, 아직은 오래 비를 맞기에는 감기 걸릴 우려가 컸다. 추워하는 친구들이 몸을 움직여서 오디를 주우러 다녀도 춥다는 이야기가 많이 나오자 아이들의 건강을 위해

철수하기로 하고, 만들던 오디 죽을 유치원 마당으로 가져와서 뒷마당에 있는 빈 빗물저금통으로 다시 놀이하자는 제안에 동의를 얻어 온몸으로 오디주스(죽?) 만들기는 마무리되었다.

뽕나무가 베푸는 오디놀이 3_ 오디 즙에 예술혼을 담다

아이들은 숲에 지천으로 널린 오디를 주워서 으깨고, 즙으로도 만들며 다양하게 놀이에 활용하다가 이번에는 오디 즙을 대량생산하여 즙을 이용한 예술활동을 하기 시작했다.

오디 즙 만들기

거름망에 오디를 넣고 주걱으로 꾹꾹 눌러주고, 다시 물을 붓고 국자로 누르면 진한 오디 즙이 완성된다. 또 남은 오디 알갱이를 절구 방망이로 꾹꾹 눌러주며 오디 즙을 짜다가 그대로 나무판에 눌러보니 '어머! 예쁜 무늬가 만들어지네요.'

나무판에 절구 방망이 도장 찍기, 손가락 그림, 글씨 쓰기

손가락붓으로 그림도 그리고 나뭇가지를 이용해서 글씨도 써 보는 귀염둥이들… 바로 골라 먹는 식당 메뉴판^^ '내가 좋아하는 떡볶이, 피자…'

'그래, 그래, 뭐니 뭐니 해도 내가 좋아하는 음식이 최고야~'

글씨도 써보고, 그림도 그려보고, 오디를 이용해서 생각나는 놀이들은 예술작품처럼 우리 아이들의 풍성한 마음을 담고 있었다.

손바닥찍기와 나뭇잎판화

손가락 그림으로 자신감을 얻고 난 뒤에는 본격적인 손바닥 그림과 나뭇잎찍기로 예술 작품은 발전하고 있다.

마지막으로, 붓을 이용하여 광목천에 그림 그리기

본격적으로 오디 물감을 붓에 묻혀 광목천에 내 마음대로 그림을 그리는 친구들. 각자 앉은 자리에서 그림을 그리며 큰 광목천을 채워가는 꼬마화가들. 그리고 난 뒤에는 잘 마르게 전시하고, 친구들이 와서 함께 그림을 감상했다.

뽕나무가 베푸는 오디놀이 4_ '준비~~~ 쏘세요!!!' 오디 과녁 맞추기

오디를 이용한 여러 가지 물감놀이를 하다가 나무판에 동그라미를 이용한 과녁을 그리고, 그려진 과녁을 활용하여 뚝딱뚝딱, 새로운 놀이를 구성해 내는 귀염둥이들!

동영상으로 저장된 놀이를 살펴보니, 주어진 재료를 이용하여 스스로 놀이 방법을 정하고 능숙하게 과녁 맞추기를 한다. 오디로 이렇게 다양한 놀이를 만들어 낼 수 있다니, 아이들의 생각과 아이디어에는 한계가 없는 듯하다. 상상을 현실로 구현해 내는 세상, 솔빛숲에서 이루어집니다. ^^

그림 도구로 사용하던 오디 즙과 오디 과육을
숟가락 위에 뭉쳐서 만든 오디 과녁 맞추기

신기하게도 과녁에 오디가 찰싹 달라붙으면서
아이들에게 재미를 더한다.

"은행 1반,
너희들은
천재인가 봐~~!!!"

이렇게 놀이 규칙이나 방법이
정해지지 않은 놀이재료는
아이들의 생각과 상상 속에서
더 신나고 즐겁게 발전해 간다. 굿~~

골라 먹는 식당

비밀의 숲_ 한정희

<놀이 시작> 2020년 10월 추석이 지난 어느 날!!
숲 도구함에서 두루마리 화장지를 발견하고
'오늘 숲놀이가 끝나면 유치원으로 가져와야지'라고 생각하며 화장지를
도구함 한쪽에 넣어놓고 아이들 놀이를 지원하고 있는데
멀리서 보니 숲 도구함 옆에 하얀 휴지 뭉치들이 뒹굴고 있었다.
아이들이 다 찢어서 쓰레기로 버린 줄 알고 뛰어오며
'아까 보았을 때 가방에 넣어 둘 걸...' 하고 후회했다.
그런데!

가만히 들여다보니 아이들이 그냥 휴지를 뭉쳐 버리는 것이 아니라
반복적인 동작으로 몰입해서 놀고 있는 것이 보였다.
놀란 마음을 가다듬고 "얘들아, 너희들 뭐하고 있어?" 라고 물으니
"만두 만들고 있어요"라며 당당히 대답하는 아이들^^
나름 동일하고 규칙적인 과정으로 진지하게 만두를 빚고
김스한 아연이도 꼬물꼬물 한 손으로 열심히 만두를 빚고 있었다.

만두피(화장지)를 깔고 만두소(흙)를 넣어주세요.
피를 조심조심 접어서 손으로 조물조물 만두소가 빠지지 않게 잘 싸줘야 해요.
그리고 두 손을 덮어서 뱅글뱅글 돌려 마무리하면 동글동글 만두가 완성!!

놀이 전개

'너희들 뭐해?'라며 관심을 보이는 친구들에게 "만두 만들고 있잖아."라며 시크하게 대답한다. 그냥 지나칠 것 같은 예상과 달리 "만두 한 접시만 주실 수 있나요?"라며 놀이에 동참하는 친구로 인해 아이들의 만두 만들기는 만둣가게로 놀이가 발전한다.

"그럼 저~~기서 기다리세요!" 마치 처음부터 만둣가게 놀이였던 것처럼 아이들이 "우리 저기로 가서 기다릴게요."라며 자리를 옮기자 다 만들어진 만두 한 접시를 들고 얼른 친구에게 다가간다.

그렇게 만두 한 접시를 팔고 또 편안하게 만두빚기에 몰입하는 아이들.

추석이 지난 다음이라 그런지 아이들은 그렇게 만두 만들기 놀이를 이어갔고, 온 정성을 다해 만두를 한가득 만들었다. 아이들의 몰입과 집중이 대단하기도 하고, 정성을 많이 들여서 빚은 마음을 알기에 조심스레 정리하며 내일까지는 놀이로 이어갈 수 있을 것 같았다.

반전사건

정리시간이 되어 만둣가게로 돌아와 보니, 그 많던 만두들이 하나하나 벗겨져 만두피와 만두소가 분리되고, 만두피는 화장지로, 만두소는 흙으로 돌아가고 있었다. 근데 이것도 무지 집중하며 하나하나 풀고 있는 귀염둥이들!

교사의 반성

　아이들의 놀이를 지켜보지 못했던 부담임선생님이 "얘들아, 휴지를 이렇게 많이 쓰면 어떡해. 열심히 놀았으니 잘 분리해서 숲에 쓰레기가 남지 않게 정리해 주세요."라고 요청하셨다고 한다. 안타까운 마음에 아이들의 놀이과정을 이야기해 드리고, 만두를 집중해서 만들었으며 만둣가게 놀이로 발전했고 내일의 놀이로 연장될 수 있었을 거라고 말씀드리니, 세상 착한 부담임선생님은 숲교실을 정리하고 오는 내내 미안해하며 어쩔 줄 몰라하셨고, 아이들의 만둣가게 놀이를 어떻게 다시 지원해주면 좋을지 계속 고민하셨다.

교사의 지원

　'너희들이 놀던 만둣가게에 필요한 것은 뭘까?' 미안한 마음에 만둣가게 놀이에서 필요한 것은 없었는지, 무엇이 있으면 좋을지 질문하고 고민하기 시작했다.
　"테이블이 있으면 좋겠어요."
　"그래? 그럼 우리 테이블을 만들어보자."
　"테이블을 만들려면 무엇이 필요할까?"

넓은 나무판자, 못, 망치, 등을 단단히 준비하고 '뚝딱뚝딱' 만둣가게 놀이를 위한 새로운 공사가 시작되었다.

"의자도 필요해요."

테이블을 만들고 나니 새로운 요구가 생겨나고, '의자를 어떻게 만들까?'라는 고민은 '나무를 이어서 묶으면 되죠'라는 아이디어와 만나 숲에 있는 나무들을 주워 마끈으로 꽁꽁 묶으며 친구들의 조그마한 엉덩이를 보호해 줄 의자가 완성되었다.

놀이의 확장

만둣가게 놀이에서 테이블이 만들어지고, 앉아서 할 수 있는 나무의자도 완성되자 아이들은 저마다 더 필요한 것을 생각해내려고 궁리하기 시작했다.

더 필요해요.
식당 간판도 만들고,
들어오는 문,
물도 많이 필요해요.
손님이 기다리는
의자도 필요하고,
그러려면 나무도
많이 있어야 해요.

'딩동' 하면 들어오는 문

"손님이 들어오는 문이 필요해요."라며 문을 만들겠다는 이야기에 혹시 몰라서 준비해 간 발을 줄에 걸어 문을 만들어주었다. "'딩동' 하면 들어오는 문이에요."라며 좋아한다. 사방이 다 뚫려있는 공간이지만 아이들에게는 식당에서 손님이 들어오는 문이라는 공간이 주는 느낌이 큰가 보다. 한참을 문 근처에서 손님이 오는지 살펴보던 민아는 세연이 언니가 손님으로 와서 '딩동' 하고 벨을 울리자 얼른 달려나가 손님을 맞이한다.

손님이 기다리는 의자

처음엔 요리할 수 있는 테이블이 필요하다고 했는데, 놀이를 하다 보니 식당에서 손님이 음식을 기다리는 테이블이 필요하다는 요구가 생기고, 숲에서 쉽게 구할 수 있는 재료들로 뚝딱뚝딱 함께 만든 테이블.

식당 간판도 필요해요
친구들과 식당 이름을 정하고('골라 먹는 식당')
이름을 알 수 있도록 교실에서 함께
간판도 열심히 제작.

물도 많이 필요해요
그동안 개인 마실 물을 이용해
요리도 하고 놀이도 하고 했는데,
식당놀이가 시작되자
물이 모자란다는 의견이 많아
작은 물통을 구입해 사용할 수 있도록 지원

'딩동 하면 열리는 문'
위에 멋지게 달아 놓았어요.

놀이공간의 일상화

아이들의 놀이 속에서 만들어진 '골라 먹는 식당'에는 매일매일 새로운 가게가 열린다. 파는 음식도 다양하고 참여하는 친구들도 매번 바뀌지만, 매일매일 맛있는 음식이 만들어지는 신나는 식당!

골라 먹는 식당은 한 달이 넘게 많은 아이들이 관심을 가지고 집중하며 놀이를 확장하고 발전시켜 가다가 이제는 교실의 한 영역처럼 일상적으로 사용하는 공간이 되어가고 있다. 해를 지난 지금까지도 골라 먹는 식당은 비밀의 숲에서 제일 인기 있는 장소가 되고 있다.

자~ 가게 시작합니다.

주스도 주세요. ~여기요^^

손님, 잠시만 기다리세요.

맛있는 초코로 만든
케이크가 나왔어요.

배달 가능한
초밥과 김밥도 있어요.

골라 먹는 식당에 오면 맛있는 게 많아요.
무엇이든 주문하세요. 돈은 도토리랑 나뭇잎이랍니다.

매일매일
아이들이 만들어 내는
다양한 음식들

색도 맛도 모양도
각양각색
그날그날 숲에서
얻을 수 있는
다양한 재료를
활용하여 만드는
자연 미술!

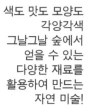

보랏빛 오디비가 내려요!

꽃과 나무의 숲_ 김유정

소중한 내가 모여 아름다운 우리가 되자 ♥
안녕? 숲!! 맑고 푸른 하늘과 선선한 바람과 따스한 햇살,
꽃과 나무, 곤충 등 살아있는 숲과
관계를 맺고 있는 살아가는 우리는 행복하다.
놀이가 삶이 되고 앎이 되어가는 우리들의 놀이 이야기^^

보랏빛 오디비가 내려요!

숲으로 가는 길, 자연이 주는 선물이 가득하다. 아이들이 숲에서 삶을
살아가면서 시간의 흐름에 따라 마주하는 숲속 생명들도 참으로 변화무쌍
하다. 처음에는 낯설고 두렵기만 했던 마음에도 변화가 찾아온다. 그로 인해
아이들의 놀이는 살아있고 즐겁고 행복함이 묻어난다. 5월의 숲은 성장하는
아이들만큼이나 우리에게 많은 것을 내어준다. 아카시꽃과 앵두, 오디, 버찌

등 다양한 꽃과 열매들이 우리의 오감을 자극하는 경험과 활동으로 다가왔고, 우리는 즐거움과 기쁨의 탄성으로 보답한다.

숲길을 가다 갑자기 아이들이 주저앉아 뭔가를 정신없이 보고 있다. 그 모습에 끌려 나도 아이들 옆에 앉아 대체 무엇이 있는지 들여다보았다. 아이들 이야기가 들린다.

"이건 뭐지?", "포도인가?", "초록색인데?", "그럼 아기 청포도네…" 어떤 나무의 열매처럼 보인다. 그때 "야 그거 오디야, 오디!!" 숲 3년 차 형님이 답을 한다. "오디는 보라색인데 아직 안 익어서 그래. 여기 오디나무 있나 보네~" 초록색 오디는 나뭇잎에 가려 잘 보이지 않았다.

며칠 뒤 하늘에서 툭툭~ 무언가 떨어진다. 바닥에도 가득히 떨어져 있다. 오디를 잘 알고 있는 형님이 "야!! 이게 바로 그 오디야 오디." 하하하 ^^

후두둑~후두둑~ 오디비가 내린다. 보랏빛 오디비가 내린다. 어른들은 그냥 지나칠 법한 길을 아이들은 호기심을 가지고 바라보고, 경험으로 이어진다. 아이들이 들여다보는 모습에 이끌려서 보지 않았더라면 결코 알지 못했을 것이다.

오디 맛은 어떨까?

아이들의 표정에서 느껴지는 솔직한 맛 평가가 이어졌다.

아이들이 뽕나무에서 오디를 따서 먹어 볼 수 있는지 묻는다. "무슨 맛일까?" 아이들에게 숲에서의 경험은 매일이 새로움의 연속이다. 매년 보았던 오디도 볼 때마다 느낌이 다르다. 그 예로 작년에 먹었던 오디 맛은 꿀맛이었다고 한다.

그런데 지금 먹어본 오디는… "선생님, 이거 오디 맛아요?" 하고 이야기

오디는 건강한 맛?
시큼한 맛?
달콤한 맛?
아무 맛도 안 나는 맛?

한다.

왜 같은 나무에서 열린 오디인데 다를까? 아이마다 여러 가지 이유가 있겠지만 올해엔 오디 수확기에 비가 작년보다 많이 왔던 환경적인 요인도 작용했던 것 같다. 아이들의 흥에 따라가면 어떤 것도 신기하지 않은 것이 없다.

수확해 온 오디… 이거 어떡하지?? 맛있게 먹을 방법이 없을까? 고민이 깊어진다.

"어떻게 먹으면 오디가 맛있어질까?" 아이들은 입을 모아 "*설탕을 넣으면 맛있을 것 같아요.*"라는 답을 내주었다. 그래, 달콤함이 최고지!

솔직한 오디 리뷰~

같은 오디를 먹어도 아이들마다 반응이 다양하다. 오디를 먹어본 친구들은 오디 맛을 알기에 여러 번 또 먹고 싶어 한다. 물론 모두가 좋아하는 건 아니었다. 처음 먹어본 친구들은 호기심으로 덥석 먹었다.

"*으~맛없어!*" 실망하는 친구들도 있고, 주변의 반응을 살피다 맛있다며 계속 먹는 친구들도 있다. 교사가 먹어본 느낌으로는 단맛이 살짝 부족하다.

빨간 오디는 시큼하기도 하다. 보기엔 아주 잘 익어 보이지만 아직 덜 익은 느낌? 조금 더 시간이 지나면 더 맛있어질 것 같다.

달콤함으로 무장한 오디의 맛!! 오디와 설탕이 만나면?

오디에 설탕을 섞으니 오디에서 보랏물이 나와 달콤한 오디청이 만들어졌다. 오전 간식으로 나온 요플레에 섞어 오디 요플레로 먹어보고, 크래커에 오디청을 올려 오디 크래커로 먹어보았다. 달콤한 오디의 맛은 정말 꿀맛이다!!

오도독~오도독!
오디 알맹이가
입안 가득~씹힌다!
요플레와 만나니
"부드럽고 달콤하고
정말 최고예요!"

달콤 오디! 더더더~ 맛있게 먹고 싶어요!!

달콤한 오디에 눈뜬 아이들~ 더 맛있게 먹어보자고 한다.

"또 어떻게 먹고 싶어?" 의견을 모아보고 투표해 보았다. 아이들의 의견에 따라가다 보니 매일이 신나는 놀이로 바뀌는 것 같다.

오디를 깨끗이 씻어
오디 꼭지를 따요.

설탕과 섞어요.

끓이면서 저어요.

달콤한 오디잼 완성!

오디잼의 변화과정 속 재미있는 우리의 말말말

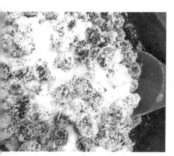

오디가 하얀 세상이 되었다!
"눈이 온 거 같애"

어? 보라세상으로 변하고 있어!
얼음 같다 그치?

보라 얼음 같지 않아?
우리 '오디액체괴물'이라고 할까?

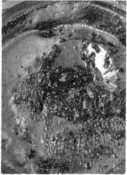

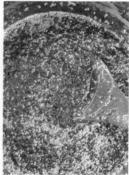

야!! 꼭 화산폭발
일어나는 거 같지 않아?

오디가 어디로 숨었지?
보글보글 거품 나라 같애!

또 변신했어!
까만 세상이야!
슬라임 같다.

무슨 맛일까? 달콤하겠지!
난 고소할 것 같은데? 왜?
저기 봐봐! 깨가 엄청 많잖아!

1위 오디 아이스크림[더우니까 시원하게 먹고 싶어요.]
2위 오디빵, 오디과자[쿠키에 발라서 먹으면 맛있을 것 같아요]
3위 오디우유[오디스무디]

아이들 의견에 따라 달콤하고 부드러운 오디잼을 만들어보았다. 오디를 따고, 씻고, 섞는 전 과정을 아이들과 함께 해보았다. 하얀 설탕이 오디로 인해 보라색으로 물들고 서로 섞이면서 느낌과 모양이 달라진다. 그 과정에 아이들의 재미있는 말들이 쏟아져 나온다.

오디로 놀아요. "선생님, 요기 오디 오디! 오디가 뽕나무래요."

숲에서 새롭게 발견된 숲친구를 도감에서 찾아 확인하는 아이들, 우리는 그렇게 오디나무가 뽕나무인 것을 알게 되었다. "뽕나무는 누에가 엄청 좋아한대요."

곤충도감에 쓰여 있는 글을 보며 새로운 것을 알게 되고, 그와 관련된 누에에 대한 관심까지 놀이 확장이 이루어진다. 누가 시켜서 하는 학습이 아닌, 자신이 경험한 것을 바탕으로 궁금증을 해결하는 것이 '자기주도학습'이 아닐까? 하는 생각이 든다.

오디에 대한 경험이 많아질수록 아이들의 놀이에도 오디를 활용한 다양한 놀이가 나타난다. 오디와 흙을 섞어 오디쿠키, 오디케이크도 만들고, 오디를 찧어서 물과 섞은 오디주스, 면포에 짜서 만든 오디즙, 얼음틀에 넣은 오디얼음 등~ 오디를 활용한 다양한 창작요리들이 만들어져 식당 놀이가 활발하게 이루어진다.

숲놀이를 할 때 주인공은 무한한 자연과 아이들인 것 같다.

한 가지 재료로 이렇게 다양한 놀이를 할 수 있나? 하는 놀라움의 연속

이다.

숲에서 만나는 모든 것을 친하게 느끼고, 다양한 놀이를 만들어가며 재미를 찾고, 그 속에서 깊이 있는 깨달음도 더해져 가는 것 같다.

놀이를 만들 줄 알고 즐길 줄 아는 우리 아이들이 진정한 놀이꾼! 나에게는 놀이 선생님 같다!!

낙엽 숲과 놀아요

꽃과 나무의 숲_ 김유정

계절이 만들어주는 자연을 마음껏 경험하고,
자신의 생각과 느낌을 마음껏 표현하며
그 속에서 아이다움을 마음껏 펼치는 우리♥

자연이 만들어 준 놀이 환경에서 뛰어놀다

숲이 낙엽숲이 되었다. 우리의 삶은 계절과 함께한다. 더불어 우리 아이들의 놀이에도 가을이 묻어난다. 깊어가는 가을, 숲에는 알록달록 나뭇잎들이 가득 떨어져 있다. 아이들은 자연스럽게 낙엽에 관심을 가지고, 낙엽을 활용한 놀이가 이어진다. "선생님, 우리 숲이 낙엽숲이 되었어요." "나뭇잎이 다 다르게 생겼어."

숲에 떨어진 다양한 낙엽을 탐색하는 아이들~
"노랗고 뾰족한 나뭇잎이에요. 멍도 들었어요."
"왜 나뭇잎이 다르게 생겼지? 나무가 다른가?"
"나뭇잎 엄청 크죠? 내 나뭇잎이 제일 커요"

마음을 열고 낙엽의 문을 두드린다[낙엽 보물찾기]

숲에서의 만남은 모든 게 새롭고 우리를 설레게 한다. 벌레를 발견해도, 나뭇잎이 변하고 떨어져도, 비와 눈이 오고 바람이 불어도, 이름 모를 풀과 꽃, 나무를 만날 때도 우리는 즐겁고, 아이들이 원하는 것은 놀이가 된다. 낙엽을 탐색하는 아이들과 낙엽 보물찾기 놀이를 해보았다. 숲에 떨어진 낙엽을 주워 "*이렇게 생긴 낙엽은 어디 있을까?*" 아이들은 후다닥 흩어져 저마다 똑같이 생긴 낙엽을 찾아온다.

"선생님, 여기요." "*무엇이 무엇이 똑같을까? 뾰족 나뭇잎끼리 똑같아요!*" 바닥 가득 떨어진 낙엽이 우리에겐 무한한 상상 이상의 놀이세상이 된다.

숲에서의 모습을 그 아이의 상징으로 상상하여 온몸으로 느끼는 즐거움 어떨까? 우리가 찾은 낙엽들을 모아 이름을 지어보았다. 색도, 모양도, 생김새도 다양한 낙엽들. "*가을은 나뭇잎을 변신시키는 마법사 같아요!!*"

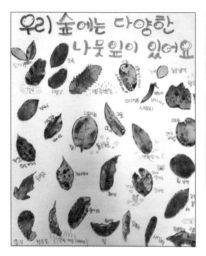

그물, 망사, 바나나, 깃털, 구름, 개구리밥, 무당개구리, 돼지발, 왕관, 불꽃,
동글동글, 뾰족뾰족, 동글납작, 길쭉길쭉, 울긋불긋,
초록, 노랑, 넓적한, 노랑이, 빨강이, 점무늬, 치타무늬 등~

낙엽과 함께 상상의 나라로~

숲놀이를 하면서 자신이 주인공이 되었을 때 "선생님, 오늘이 제일 재미있어요!"라고 이야기한다. 주어진 환경에 얽매이지 않고 자유롭게 마음껏 놀이를 펼친다면? 그날의 장소와 주어진 환경에 맞는 놀이를 충분히 할 때 가장 즐겁고 재미있지 않을까? '아이들은 놀이할 때 아이답다'는 생각이 내 마음을 울리며 아이다움으로 꽉~ 채워 주는 것 같다. 지금 느끼고 맛보는 즐거움을 추억 삼아 우리 아이들이 오래오래 행복하면 좋겠다.

낙엽 소꿉놀이
낙엽을 활용하여, 흙과 다양한 자연물을 섞어 다양한 요리를 만든다. 교사가 준비해 주는 환경보다 아이들의 상상이 더해진 놀이는 더 풍성하고 다양함을 느낄 수 있었다.

낙엽의 변신

　낙엽보물찾기 놀이가 계속 이어지고, 모아진 낙엽을 활용할 수 있는 방법을 궁리하던 중 낙엽으로 무언가를 만드는 아이들의 모습이 관찰되었다. 모아진 낙엽과 자연물을 이용하여 낙엽변신 놀이를 해볼까? 동생의 얼굴, 나비, 자라, 나무와 꽃, 거미, 우주선, 물고기, 새 등~ 아이들의 재미있고 창의적인 생각으로 변신한 낙엽들~ 놀이를 통해 낙엽의 모양을 자세히 탐색하고 관찰하는 시간이 되었다.

우리 유치원에도 다양한 나뭇잎이 있어요. 협동작품-낙엽만나라

유아 1 선생님, 오늘 아침에 은행잎 엄청 많이 봤어요. 부채처럼 생겼더라고요.

유아 2 (빨간 단풍잎을 가지고 등원) 선생님, 이거 보세요. 우리 아파트에는 빨간 단풍잎이 있어요.

울긋불긋 나뭇잎에 대한 관심이 높아짐에 따라 우리 주변에서 볼 수 있는 다양한 단풍잎을 찾아보고자 단풍잎 여행을 떠나보았다.

유아들이 가리키는 곳으로 발걸음을 옮기며 유치원 이곳저곳을 누비고 그곳에서 만난 단풍든 낙엽을 찾아 모아 보았다. 모아진 낙엽으로 같은 모양을 찾아보고 서로 다른 색과 모양을 탐색하며 함께 만든 만다라.

울긋불긋 단풍든 낙엽의 공통점과 차이점을 느끼며 단풍이 주는 아름다움이 우리를 환호하게 했다. 아이들과 놀이를 하다 보면, 강요와 주입으로 얻어지는 것이 아니라 놀이과정에서 자연스럽게 부딪쳐 깨닫게 되는 것이 살아있는 교육, 삶이 곧 앎이 되는 교육인 것 같다.

낙엽을 활용한 원시인 모자
숲에서 원시인 놀이를 하던 중~

유아 원시인 모자가 필요해요.
교사 만들면 되지~
유아 뭐로 만들어요?
교사 음… 뭐로 만들고 싶어?
유아 색종이에 나뭇잎 붙일까요?

필요한 재료를 준비하여 숲으로 가져가 자유롭게 만들어보았다. 원시인
모자로 시작된 꾸미는 놀이는 천을 둘러 옷을 만들고, 원시인 시대에 사용했
던 돌도끼와 창을 만들어 사용하고, 모닥불을 피워 사냥으로 얻은 고기를 나
무꼬지에 끼워 구워먹기 등을 하면서 다양하게 확장되며 즐거움이 더해졌다.

좋아하는 색으로, 선과 모양, 나뭇잎으로, 친구와 똑같이, 꽃과 잎으로, 왕관 모양으로,
뾰족하고 날카롭게, 자신이 만들고 싶은 방법으로 원시인 모자를 만들어 놀이에 사용한다.

낙엽비가 내려요!

숲에 가는 길 수북이 쌓여 있는 낙엽을 밟는다.

"바스락~ 바스락~ 부스럭 부스럭~" 소리가 난다.

바람에 떨어지는 낙엽을 잡아본다.

"잡았다. 앗싸~!"

떨어지는 낙엽을 잡은 아이들이 환호성을 지른다.

떨어져 있는 낙엽을 모아 하늘 높이 날려본다.

"와~~ 낙엽비가 내린다!!"

"꺄~~ 신난다, 신나!"

마음껏 뿌리고 낙엽을 맞으며 온몸으로 가을을 느끼는 우리!

숲에서 가을밥상을 차려요

깊어가는 가을에 맞춰 낙엽에 대한 관심이 높아지는 요즘, '울긋불긋 가을밥상을 차려요' 동화를 듣고 형님, 동생들과 가을밥상을 차려 보았다. 가을에는 낙엽뿐 아니라 다양한 들풀과 들꽃, 열매들이 어울려 가을의 아름다움을 느낄 수 있었다. 가을 참 예쁘다.

숲에도 미끄럼틀이 있었으면 좋겠어요!
[낙엽썰매 → 낙엽방방 → 낙엽침대 놀이의 확장]

숲에는 낙엽이 수북이 쌓여 있다. 언덕에도, 바닥에도, 어디에도 낙엽이 없는 곳이 없다. "선생님, 우리 숲에도 미끄럼틀이 있으면 좋겠어요!" 방법이 없을까? 교사가 고민하는 순간 (낙엽언덕을 가리키며) "선생님, 우리 눈 오면 여기서 썰매 타면 좋을 것 같아요!" 아이가 교사의 고민에 답을 찾아준다. 그래! 썰매를 활용해 보자!! 그런데 흙에서도 썰매가 내려갈까? 또다시 고민에 빠진다.

"잔디 언덕에서는 잘 내려가던데…"
끈이 있는 썰매 vs 손잡이로 된 썰매
두 종류 썰매를 준비하여 숲으로 출발. (두근두근~^^)
아이들과 두 가지 썰매를 타본 결과 손잡이 썰매가 최고다.
"이제 우리 숲에도 미끄럼틀이 생겼어요!!"

썰매가 지나간 자리마다 낙엽길이 생겼다.
그리고 썰매를 따라 낙엽이 아래로 내려와 쌓인다.
쌓인 낙엽 위에서 아이들이 폴짝폴짝 뛴다.
"우와~ 방방 같애."
이렇게 시작된 방방만들기 대작전!!
낙엽을 손으로 갈퀴로 모아 방방을 만든다.

만들어진 방방 위에서 다시 폴짝폴짝!
그런데 점프할 때마다 낙엽이 이리저리 흩어진다.
좋은 방법이 없을까?
"천으로 덮으면 어때요?", "좋은 생각이야!"
숲상자에 보관되어 있는 천으로 낙엽 위를 덮었다.
스프링이 없어 높이 높이 점프는 안 되지만
그래도 폭신폭신 재미있다.^^
"선생님, 우리 숲이 키즈 카페가 된 거 같지 않아요?"
정말 너희들의 상상놀이의 세계!!
짝짝짝~~^0^ 대단하다.

숲에서도 쉴 수 있어요. "숲에 침대가 있으면 좋겠어요"

숲은 아이들의 놀이 공간이기도 하지만 때로는 쉼이 필요한 순간이 있다. 숲놀이 공간을 이야기할 때 아이들은 침대, 소파 등~ 쉴 수 있는 공간이 필요하다고 이야기한다. 숲유치원 1년 차에 들었을 때는? '그걸 우리가 만들 수 있을까? 그래, 그래도 한번 만들어보자!' 하고 마음은 먹었지만 실행에 옮기기 쉽지 않았다. 나도, 아이들도 어디서부터 어떻게 시작할지 몰랐던 것 같다. 그런데 오늘 우연히 답을 얻었다. 낙엽 방방 위에 아이들이 누웠다. "우와, 편하다!", "진짜 폭신하고 좋다. 그치?", "여기가 천국이야~ 우리 여기서 잘까?"

아이들이 원하는 침대와 소파가 우연히 만들어졌다. 그것은 어른들의 눈높이에서 만들어진 근사한 것이 아닌, 숲에서 얼마든지 자연스럽게 만들어질 수 있는 것임을 알게 되었다. 환경이 주는 불편함을 덜어내고 긍정적인 태도가 만들어 낸 결과물이라고 생각한다. 상상놀이는 마음먹기에 달렸구나! 그날의 놀이 즐거움을 좌우하는 열쇠가 되는 것 같다. 숲에서는 아이들에게도 삶이 앎 속에 묻어나지만 교사에게도 그런 것 같다. 오늘도 나는 아이들과 함께 성장하고 있다. 아이들이 만든 낙엽침대에 누워 바라본 높고 푸른 하늘은 너무 예쁘고 아름답다!!

우리는 가을을 오감으로 느끼며, 숲에서 행복한 시간을 가지고, 마음속 깊이 아름다운 추억으로 남겨 본다.

높고 푸른 가을 하늘을 바라보고,
손끝으로 느껴지는 가을의 선선함.
코끝 살짝 가을 향을 맡아본다.

바스락 바스락~ 낙엽 밟는 소리 ♥
가을이 주는 꿀맛 같은 시원한 공기 한 모금~
가을 참 예쁘다!

아침을 여는 시간

튼튼숲_ 정다희

숲에 있는 너와 나,
우리 모두는 소중해요.

숲 교실에 도착하면 와글와글 시끌시끌한 마음과 몸을 정돈하고 아침시로 인사를 나눕니다.

마음의 귀를 크게 열면 숲이 해주는 이야기가 잘 들린답니다.

처음에는 공사하는 소리, 헬리콥터 소리가 들리던 아이들. 이제는 마음의 귀가 많이 열리게 되었습니다.

나무가 하는 소리, 청설모의 이야기, 새들의 이야기들, 저 멀리 바닷속 고래의 이야기도 아이들의 마음의 귀에 담기곤 합니다.

숲이 들려준 이야기는 우리가 지켜야 할 약속이 되지요.

- 숲이 친구에게 모래 뿌리지 말고 안전하게 놀래요.
- 나무 꺾지 말고, 새들이 재미있게 놀고 다치지 말고 가래요.
- 꽃들이 자유롭게 피게 해주래요.
- 비가 와서 땅이 미끄럽다며, 뛰지 말고 조심히 다니라고 했어요.
- 청설모가 도토리는 한 개만 가지고 가래요.
- 뾰족한 나뭇가지랑 땅에 있는 나무뿌리를 조심해서 다니래요.

• 늑대가 나무를 너무 많이 베지 말아 달라 했어요.
• 고래가 물이 더럽다고 쓰레기 많이 버리지 말래요.

〈아침시〉

잘 잤니 땅아 잘 잤니 해야
잘 잤니 조약돌아
뛰노는 동물들아
안녕 꽃들아 나무 위의 새들아
안녕 얘들아 아침이 밝아 왔다

메뚜기 잡아라~!

튼튼숲_ 정다희

*"빨리 보면 메뚜기 같은데
자세히 보면 다 다르게 생겼어요."
너희도 그래~*

가을이 되니 숲에 메뚜기와 비슷한 곤충들이 많았다. 서로 곤충을 잡아
비교해 보니 생김새가 다 달랐다.

"선생님, 이거 메뚜기예요? 방아깨비예요?"

선생님 얼굴로 왕메뚜기를 들이대며 물어오는 아이들.

(아이쿠, 깜짝이야!!)

아이들은 서로 자기 말이 맞다며 나름
의 이유를 들어 설명한다. 교실로 돌아오자
마자 가방도 내려놓지 않고 메뚜기 도감을
펼쳐보는 아이들.

"내 말이 맞지?"

어느 날, 메뚜기를 잡고 돌아오는 옆 반
친구들이 "우리 메뚜기 많이 잡았어요!"라며
지나간다. "우리 반 친구들도 메뚜기 정말 잘
잡는데…"라고 하니 "그럼 우리 대결해 봐요!"
라며 대결을 신청한다.

대결이라니~! 질 수 없지! 교실로 급히 돌아와 우리 반 아이들에게 "얘
들아, 옆 반 친구들이 메뚜기 잡기 대결을 신청했어. 너희들이 대결할 거지?"
라고 흥분하며 이야기를 전했다.

"선생님, 대결은 안 하고 싶어요."

"어??? 왜?"

"많이 못 잡으면 슬프잖아요."

"맞아요. 진 팀은 속상해요."

"그리고 잡고 싶어도 무서워서 친구한테 부탁해야 하는데… 대결이면 부탁하기 어려워요."

"대결 말고 그냥 다 같이 잡기 놀이해요!!!"

어떤 때는 선생님보다 더 많은 것을 생각하는 우리 아이들. 아이들의 이야기를 듣고 보니 헤아려보면 '아… 그렇구나!!!!' 하고 느껴지는 말들이다. '그래! 잡기 대회 말고 잡기 놀이로 하자!' (이미 국제 메뚜기 대회라고 수준 있는 현수막을 제작했지만, '대회'라고 쓰고 '놀이'라고 읽자!)

하지만 조금 걱정되는 부분이 생겼다. 평소 곤충을 대할 때, 생명의 소중함을 가볍게 생각하는 모습을 보이기도 했던 터라 아이들과 한번 이야기를 나누어 봐야겠다고 생각했다.

"얘들아, 우리 메뚜기 잡기 놀이하기로 했잖아~ 근데 곤충들 잡아서 어떻게 할 거야?"

"잡아서 먹어야죠~!"

헉! "너희들, 메뚜기를 먹는다는 건 어떻게 알았어?"

"아빠가 옛날에 먹어봤다고 했어요!"

"싱싱장터에서 파는 거 봤어요."

"먹을 수 있는 메뚜기가 따로 있대. 어떤 걸 먹을 수 있는지 없는지 모르잖아."

"그럼 그냥 놔줘요!"

"그래 놔주자! 근데 곤충 친구들이 건강하게 다시 숲으로 가려면 우리가 곤충을 잡을 때 어떻게 잡아야 할까?"

"다리로 높이 뛰어오르니까 다리가 다치지 않게 잡아요."

"그래그래, 우리 곤충 친구들이 다치지 않게 소중히 대해주자!"

파란 하늘, 초록 풀밭에 나가 아이들과 여치, 메뚜기, 귀뚜라미, 콩중이, 방아깨비 등을 잡았다. 많이 잡으려고 경쟁하는 모습보다는 곤충을 잡을 때 조심히 소중하게 잡으려는 모습이 사랑스러웠다. 곤충을 보면 발로 밟으려던

다섯 살 동생도 이제는 "생명은 소중해!"라고 하는 것을 보니 대견했다. 놀이를 마치고 돌아와, 아이들이 서로 배려하고 협력하는 모습을 칭찬하며 시원한 매실청 주스를 나누어 먹었다.

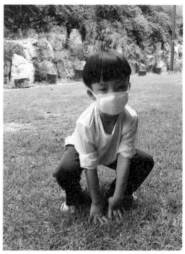

"메뚜기처럼 뛰어 볼 거야!"
메뚜기 잡기 놀이를 하고 온 몇몇 아이들이 교실 안에서 폴짝 뛰어다닌다.
"우리 교실에 메뚜기가 있네~ 방아깨비도 있고! 누가 잡아 볼 사람~?"
아이들이 정말 재밌게 메뚜기가 되어 뛰어 도망 다니기 시작한다.
"선생님, 메뚜기랑 노니까 진짜 재밌는데요?"
"그랬어~? 그럼 그 마음을 메뚜기들에게 한번 표현해 볼까?"
"어떻게요?"
"영상편지로 하면 되지~"
"메뚜기야. 너 도망갈 수 있었는데 나한테 잡혀줘서 고마워."
"방아깨비야. 뛰어다니느라 힘들었지? 고마워."
"콩중이야. 나랑 놀아줘서 고마워~다음에 또 만나자!"

숲 속 결혼식

튼튼숲_ 정다희

"떨리진 않았지만 조금 수줍었어요."
우리의 만남은 아름답고 소중해.

아이들과 동화 〈엄마 아빠 결혼 이야기〉를 읽었다. 여자와 남자로 만난 엄마 아빠가 사랑하고 결혼하기로 하면서 결혼식을 하는 과정을 알려주는 내용이다. 책을 읽고 난 아이들은 자신의 직접, 간접경험을 풀어내며 많은 이야기를 주고받았다.

"얘들아, 너희는 어떤 친구랑 결혼하면 사이좋게 잘 살 수 있을 것 같아?" 어떤 친구는 아주 당당하게 말한다. "나는 ○○○이요." 왜냐고 궁금해하니 그 친구를 선택한 이유를 줄줄이 말한다. 어떤 친구는 "음…" 하고 한참을 생각하며 답을 못하기에 "결혼하고 싶은 사람이 없는 거야? 아니면 신중하게 생각하고 싶은 거야?"라고 물었더니 *"신중하게 오래 생각해볼래요."*라고 답한다. 그렇지, 결혼은 인륜지대사라고 했지. 신중하고 또 신중해야지! 어떤 친구는 *"티비랑 결혼하는 것은 어떨까?"*라고 해서 한바탕 웃기도 했다.

너희들 결혼식 놀이하는 데 필요한 게 뭐가 있을까?
뭐든 이야기하면 선생님들이 다 도와줄게~
"음… 드레스, 턱시도!" (^^! 미안~너희가 원하는 드레스는 선생님이 못 만

들어줄 것 같아···)

"초대장이요!" (너희가 만들면 될 것 같아!)

"꽃다발도요." (원장선생님 몰래 꽃 화분에서 꽃을 좀 가져와야겠군···)

"결혼식장을 예쁘게 꾸며요." (매일 밤 '결혼식장 꾸미기'만 검색해봤어···)

"음식이요. 케이크! 마카롱! 쿠키! 국수! 떡!"

"다 좋아! 근데 왜 결혼식 날 국수를 먹는지 아니?"

"길게 살라고요."

"길게만 살라고?"

"건강하고 튼튼하게!"

"그리고?"

"행복하게 살라고요."

그렇지, 그렇지! 행복하고 건강하게 오래오래 살라고~~~

아이들은 숲 놀이를 하다가 결혼식에 관한 좋은 생각이 떠오르면 함께 생각 모으기 회의를 하곤 했다. 특히, 여자아이들이 이 놀이에 많은 관심을 보이며 기대했다. 놀이 주체자로서 스스로 생각하며 놀이 과정에 적극 참여

하고, 교사들에게 지원을 요청했다.

1차 결혼식 놀이를 하면서 신랑, 신부, 하객에 대한 이야기를 나누었다. 많은 아이들이 신랑 신부를 하겠다고 할 줄 알았다. 하지만 여자 친구들의 선택을 받은 몇몇 남자친구들은 망설이며 거절했다. 그래서 성사된 커플 1호와 커플 2호는 결혼식 놀이 예행연습을 하게 되는데….

이 모습을 바라보는 아이들의 눈빛이 반짝반짝 빛난다. 이때를 놓치지 않고 "신랑 신부 하고 싶은 사람~?"

많은 아이들이 도전하고 자연스럽게 신랑 신부의 역할을 해보며 즐거운 시간을 보냈다. 물론 신랑, 신부 역할보다 하객 역할을 하고 싶은 아이들도 있었고, 결혼식 놀이보다 다른 놀이에 더 흥미를 느끼는 아이도 있었다. 모든 사람의 생각이 같을 순 없지. 선생님은 너희의 생각을 다 존중하고 싶어.

드디어 결혼식 놀이하는 날!!! 등원하는 여자 친구들의 모습이 모두 반짝반짝하다. 친구와 함께 입장하는 아이들의 모습이 진지하고 아름다웠다. 놀이 후 "떨리지 않았지만, 조금 수줍었어요."라는 아이의 말에 고개가 끄덕여졌다. 동화 한 권으로 시작하게 된 결혼식 놀이를 통해 아이들은 각자 무엇을 배웠을까? 우연인지 운명인지 모르지만 솔빛숲유치원에서 만나 때로는

함께 웃으며 세상 제일 친한 친구였다가, 때로는 싸우고 삐지고 울고, 다시
화해하는 우리 아이들이 레드카펫 위에서 '네!'라고 대답하며 약속한 것처럼
서로 배려하고 아끼고 사랑하는 친구들이 되면 좋겠다.

"느티2반에서 서로 배려하고 아끼고 사랑하며 사이좋게 놀이하겠습니까?"
"네~!"

알밤과 대추를 받으면 아들 딸 낳고
다복하게 살 수 있대요~

오래오래 행복하게 살라고
국수를 먹어요.

단체 사진도 찰칵~
서로 아끼고 사랑하며
즐겁게 지내자 ^^

도롱뇽아! 괜찮니?

물길숲_ 최정임

연못이 말라가고 있어! 도롱뇽이 죽을 것 같아~
도롱뇽에 대한 소중함은 커져만 가고
생태적 감수성은 어떻게 키워지지?
갈색숲에서 생명을 발견하다

갈색숲에서 생명을 발견하다

3월의 숲은 모두 갈색이다. 설렘과 두려움을 안고 시작한 숲유치원의 3월은 서먹함만큼이나 어두운 갈색으로 덮여있다. 물길숲에서 첫발자국 도장을 찍으며 입학식을 마친 아이들은 숲이 회갈색에 둘러싸여 있음에도 손과 발, 눈과 입은 마냥 들떠있다. 한 줄기 가느다란 물줄기만으로도 놀이는 상상의 날개를 달며 마냥 신나는 몸짓이다. 생명이 보이지 않는 갈색 숲, 그럼에도 흐르는 물줄기는 생명체 이상으로 아이들에게 생생한 놀이생명을 부여한다. 괴화산 8개의 숲교실 중 우리 반 숲교실은 연중 물을 볼 수 있다. 그래서 숲교실 이름이 물길숲이다.

문을 거쳐 찻길을 지나 숲 입구에 다다를 무렵에는 숲에서 내려오는 물줄기가 모이는 작은 연못이 있고, 연못 위로 홍수를 대비한 작은 둑이 있으며, 그 위로는 바위틈에서 내려온 물줄기로 형성된 커다란 습지 같은 자작자작 촉촉한 수렁이 있다. 이곳에서 아직 추위가 가시지 않은 3월 중순쯤 처음으로 생명을 발견했다. "도롱뇽 알이닷! 교실에 가서 키워요!" "좋아!"

도롱뇽을 데려온 다음 날부터 걱정이 커졌다. 우선 나부터 생명을 키운다는 것을 어렵게 느끼기 때문이다. 자칫 잘못하여 죽음을 맞이하다 보면 생명존중이 아닌 생명 경시를 빨리 배워버릴 수도 있다. 도롱뇽과의 관계 또한 지속적으로 맺게 해주지 않으면 아이들의 관심은 금방 시들어 버린다.

도감에서 찾아보자

도롱뇽에 대해 잘 알지 못한 지난 두 해는 연이어 실패했다. 생명도 잘 키우려면 공부가 필요한 법이다. 때로는 교사보다 아이들이 도감을 가까이 하기에 곤충이나 버섯에 대한 지식이 더 풍부할 때가 있다. 숲에서는 교사도 아이들과 같은 입장이기에 공부가 매우 필요하다. 그것을 뼈저리게 느낀 터라 도감을 펴놓고 아이들과 함께 공부하고 벽신문을 만들어 게시했다. 아침마다 도롱뇽에게 인사하고 말을 걸며 가끔씩 벽신문 내용을 언급해주니 서로 이야기를 나눈다.

"도마뱀은 파충류라 뱀하고 비슷하고, 도롱뇽은 양서류라 개구리와 비슷하대."

"개구리는 뒷다리가 먼저 나오는데 도롱뇽은 앞다리부터 나오나 봐."

"무슨 먹이를 먹지?"

"아가미가 사라지면 물 밖에서 산다고? 그럼 이끼랑 흙이랑 물길숲에서 가져와서 어항 속에 땅을 만들어주자."

몇 주 후 도롱뇽이 태어나기 시작했다.

"우와~~ 도롱뇽이 태어났어! 축하해!"

아이들은 새 생명의 탄생을 한껏 기뻐했다.

연못이 말라가고 있어

교실 속 도롱뇽은 따로 먹이를 주지 않아도 물이끼를 먹으며 잘살고 있었으나 도롱뇽을 처음 만났던 연못 속 상황은 많이 달랐다. 뭍 생명이 깨어나고 초록이 내려앉은 4월의 숲에 봄 가뭄이 온 것이다. 매일 연못에 와서 물 상태를 확인하는 것이 우리의 일과가 되었다.

"연못이 말라가고 있어! 도롱뇽아~ 괜찮니? 하나님! 비가 오게 해주세요!!"

"선생님, 어떻게 해요! 연못 속 아기 도롱뇽들이 금방 죽을 것 같아요."

"물이 없어서 어떡하지요? 우리가 살려주자요! 네?"

도롱뇽을 걱정하는 아이들 마음은 지극히 간절했다. 도롱뇽을 향한 걱정과 순수한 마음씨는 행동으로 이어졌다. 진흙에 묻혀있는 도롱뇽을 구해 약간의 물줄기만 남아있는 물길숲으로 데리고 올라가는 아이들이 대견하다. 물속에 도롱뇽을 놓아주며 아이들은 안도하며 기뻐했다.

비가 콸콸

그즈음 봄 가뭄을 해갈하듯 오랜만에 비가 쏟아졌다. 아직 쌀쌀한 기운이 남아있어 우비 입고 나가지 못하고 교실 활동을 하던 그때, 한 아이가 교실 밖을 하염없이 바라보는 것이었다. 비 오는 풍경을 바라보는 뒷모습이 꼭 보헤미안 같았다.

보헤미안

때는 거르지를 않는다. 5월이다.
숲의 지각생이던 아카시아가 어느새 지천을 덮고
진하디진한 향기를 가득 품어내며 어여 와보라고 너울너울 춤을 추어댄다.
봄 가뭄이 해갈되지 않던 오락가락 짠비가
오랜만에 콸콸 인심 좋게 쏟아졌다.

맨발 걷기도 못 하고 비옷 입고 숲에 갈까 말까 고민인데
간만에 실내 활동을 하려니 할 일들이 잔뜩 쌓여 있다.
마음도 손도 발도 눈도 바쁜데
저기 저 창문가에 도련님 무엇 하시나?
도련님! 무엇 하시오?

배시시 눈웃음으로만 답하는 너.
그 뜻 나는 다 알겠소.

숲유치원 3년 차니 그 정도 감수성쯤이야.
주룩주룩 내리는 비를 하염없이 바라볼 수 있는 너.
말라버린 연못가 도롱뇽과 다슬기에게 기쁨의 편지를 쓸까?
가문 날 목마른 소나무 뿌리에게 안도의 안부를 전할까?

너를 발견한 이 마음도 참…
그렇다면 의자를 내어 놓아볼까?
역시 3년 차 다른 도련님이 앉으시네.
형님 곁에 신입 동생이 함께 나누니 이 또한 5월의 기쁨이오.

곧 뻐꾸기도 하염없이 울어대겠지.

아이들은 도롱뇽이 죽을까 봐 말라버린 연못을 걱정했고, 비가 내리자
창밖을 뚫어지게 바라보며 생각에 잠긴 모습이었다. 일반 유치원에서 보지
못하던 장면이다.

도롱뇽은 보호동물이래

교실의 도롱뇽이 계속 깨어나기 시작하더니 40여 마리가 넘었다. 깨어난 도롱뇽에서 앞다리가 나오기를 기다리던 어느 날, 어항 속에 도롱뇽이 세 마리밖에 남아있지 않았다.

"왜 다 사라지고 세 마리밖에 안 남았지?"

"제일 큰 도롱뇽이 다 잡아먹었나 봐요!!"

무시무시한 동물의 세계다. 숲 아이들은 자주 이런 경험을 해서인지 동물들의 먹이사슬 관계를 잘 이해한다.

도롱뇽에 대해 더 깊이 알아보다가 우리의 잘못도 알게 되었다. 도감에는 나오지 않은 이야기여서 알지 못했다가 인터넷을 검색하다 알게 된 것이다. 도감이 전부가 아닌 모양이다. 작년 졸업생들은 코로나 입학생들이다. 코로나로 입학이 연기되다 5월 말에야 유치원에 입학한 아이들이기에 숲교실의 봄을 모른다. 작년 12월쯤 그 아이들에게 1학년이 될 때 초록이 물든 봄 숲에서 다시 만나 반창회를 하자고 약속했다. 반창회를 위한 보물찾기 퀴즈를 위해 도롱뇽을 검색하다 도롱뇽은 멸종위기 보호동물로 사육이 금지된 동물임을 알게 되었다.

도롱뇽아, 잘 살아!

무지하니 실수했다. 그 사실을 직시하고는 계속 키울 수가 없었다. 아이들에게 공유하니 아가미까지 없어지는 것을 보고 살려주자는 아이도 있었지만, 많은 아이가 살기 좋은 곳으로 보내주자고 의견을 모았다. 우리는 숲으로 가서 짧은 의식을 치르고 잘 살라며 기쁨의 이별을 나누었다. 그리고 다음 날, 비가 주룩주룩 아주 세차게 내렸다.

"와~~~ 비가 내린다. 도롱뇽아, 물속에서 잘 살아~~"

아이들이 손뼉 치며 도롱뇽의 새 삶을 응원했다. 날씨에 따라 동물들을 걱정하고 기쁨을 나눌 수 있는 아이들의 영혼이 마치 맑은 봄날씨 같았다.

공간 찬양

폭우가 내린 그날 복도에서 아이들은 아기새들처럼 파닥파닥 날듯이 뛰어다녔다. 그럴 때마다 우리 유치원의 열린 복도는 참 좋은 공간이라고 느껴진다.

"이렇게 추운 복도가 어디 있어요? 폴딩 도어라도 달아주세요!"

19년 개원 시기 원장선생님께 한탄했던 날들이 무색하다.

비가 콸콸
바람이 팡팡
어둠이 슬쩍

왜 이런 날
아이들은 날뛰는지
자연과 같은 리듬으로
심장이 벌떡이는 아이들

갑자기 캄캄해지자
해님이 잠자러 갔나 봐요.
아니에요. 북쪽으로 갔을 것 같아요.(겨울철새 이야기 때문인 듯 ^^)
선생님, 번개가 쳐요!!

창문 없는 복도가
자연 그대로를
아이들 심장에 들이붓는다.

이 라운드형 건물은
살수록 더 좋다.
중앙은 양옆을 품어서 좋고
양 끝은 소외가 아닌
서로 가깝게 마주 볼 수 있어서 좋다.

공간혁신을 한다 한들
기초부터 염두에 두고 지은 건물은
따라갈 수가 없다.

이 건물을 짓기 위해
설계사와 같이
전국을 발로 품을 팔아
미래를 개척한 그분께
존경을 바친다.

올챙이 연못

도롱뇽을 발견했던 연못에 올챙이와 다슬기도 많아 아이들이 올챙이 연
못이라는 이름을 지어주었다. 그 연못에는 쓰레기들이 가끔씩 떠다녔다. 매
일 숲을 오가지만 쓰레기를 매일 줍기는 힘들다. 세균이 있을 수 있어 집게
와 쓰레기 바구니가 필요하기에 쓰레기 줍는 날을 정했다. 아직 주민도 많지
않은데 주택단지에는 웬 쓰레기가 그렇게 많은지 모르겠다. 아이들과 같이
'쓰레기를 버리지 마세요!'라는 팻말을 함께 걸고 연못을 오갈 때마다 깨끗
하게 가꾸고 있다.

생태적 감성은 어떻게 키워지지?

코비드19 팬데믹은 기후 위기와 미래 교육에 대해 새 화두를 던져 주었다. 주변을 살피지 않고 편리와 발전만을 추구하는 양적 팽창에 대한 지구적 경고는 더디더라도 생태로 가야 한다는 교훈을 주었다. 생태교육의 전환은 이 시대의 당면과제가 되었고, 유아기부터 생태교육을 해야 하는 당위성이 되었다. 생태적 감성은 생명을 존중하는 태도와 생태적 감수성과 함께 더불어 생태적으로 기여할 수 있는 태도를 지녀야 한다. 생태적 감성은 어떻게 키워지는 것일까? 우리 반 아이들이 도롱뇽의 생태적 상황과 변화를 민감하게 포착하고 교감할 수 있는 단 하나의 이유는 매일 숲에 나갔기 때문이다. 도롱뇽 알을 찾아 공부하고 직접 길러보고 살펴보면서 생긴 애정은 도롱뇽에 대한 교감과 충분한 감정이입으로 이어졌고, 날씨의 변화에 따라 걱정하고 축하하는 마음을 갖게 했다. 또한 올챙이 연못 표지판을 만들고 연못을 깨끗이 하려는 생태적 기여 태도까지, 동물과의 교감은 실천적 행위로 자연스럽게 연결되었다. 이런 아이들이라면 어른이 되어서도 생명을 경시하고 자연을 훼손하는 일에 앞장서지는 않을 것이다. 우리 숲유치원의 존재 이유다.

나 또한 숲에서 3년 차를 보내면서 가장 많이 바뀐 부분이 생태적 감성이다. 새, 곤충, 식물, 나무 이름에 관심이 많아졌고, 제로 웨이스트 삶을 살려고 노력한다. 나 혼자 해보았자 바뀌려나? 지레 단정하고 구호로만 여기던 숲의 보호가 어느 순간 온 마음으로 일어남을 느낀다. 내 일상과는 먼 것이라고 느꼈던 내가 하나의 플라스틱이라도 덜 쓰고자 바구니와 손수건을 많이 사용한다. 사소한 것 같지만 몸으로 느끼고 생활에서 실천한다는 것은 작지만 큰 변화다. 어른인 나도 변했는데 아이들의 변화는 얼마나 클까? 이제 시작하는 유아들에게 숲에서의 생태적 삶은 지구를 위한 가까운 미래 교육이다.

오이농장 호박농장 꼬마 농부님들
지속가능발전을 위한 텃밭 생태 이야기

물길숲_ 최정임

작물에 대한 땀과 노력들
수확의 기쁨과 나누는 기쁨
생명의 순환을 경험하는 텃밭과 요리 활동

    텃밭을 가꾸는 유치원과 학교들이 아주 많다. 변화하는 사회와 미래를 위한 교육에 생태적 전환교육이 없다 치더라도, 과거부터 교실 창가에 화분이 잘 가꾸어져 있는 교실과 없는 교실과의 정서적 분위기는 차원이 달랐다. 학기 초 1인 1화분 가꾸기를 위해 아이들 손에 들려온 화분은 교실에 생명이 존재함을 알리고 화사함과 싱싱함을 선사했다. 하지만 30대의 나는 그 화분들을 끝까지 잘 키우지 못했다. 생명이란 끊임없이 바라보고 관심을 주어야 유지되는데, 늘 그 맥을 놓치기 일쑤였다. 물을 잘 주다가도 결정적 시기를 놓쳐 물이 마르게 되면 식물은 순식간에 말라 비틀어져 죽는다. 너무 습하고 바람이 통하지 않아 썩어서 녹아내리기도 했다. 그래서 농작물은 농부의 발걸음 소리를 들으며 큰다고 하나 보다. 창의성이 화두였던 시대에서 인성의 중요성이 더 회자되며 교실에는 화분 가꾸기와 더불어 텃밭 가꾸기와 산책활동도 많아졌다. 하지만 10년 전 나의 텃밭 가꾸기 경험은 고된 노동과 강요된 활동의 과제지향적 활동이었지 행복한 활동이 아니었다. 교사가 딱딱한 땅을 괭이로 파고 작물을 심고 가꾸는 활동에 나는 불만이 있었다.

단설유치원 근무로 주무관님 도움을 받기에 세종에서의 텃밭은 좀 더 풍성하게 가꾸고 들여다볼 수 있었다. 땅이 없어 옥상에 텃밭이 있는 곳도 있었고, 유치원 야외 한 켠에 있는 텃밭도 있었다. 솔빛숲도 땅이 부족해 뒷마당에 상자 텃밭을 만들었다. 주무관님과 숲지킴이 선생님들의 도움으로 먹거리와 맞닿아있는 텃밭 활동을 활발히 하고 있다. 텃밭 활동은 작물 선정과 심기, 가꾸기, 수확하기 모두에 아이들이 다 참여해야 한다는 생각이 있었다. 그러나 다른 유치원에서 근무할 때 초등학교 아이들의 텃밭 활동 실패 사례를 보면서 생각이 달라졌다. 그 아이들은 모둠을 이루어 심을 때는 활발했지만 보살핌이 지속되지 못하고 오래 못 가 실패로 끝나는 것을 보면서 어른들의 도움이 실로 크다는 것을 지켜보았다. 학교 지원이 안 되면 학부모와 연결해서 성공적인 활동으로 가꾸고 수확하는 기쁨을 느꼈으면 좋겠다는 아쉬움이 있었다. 솔빛숲은 인력 지원이 매우 잘되어 텃밭 작물이 풍성하다. 아이들은 숲에 오며 가며 매일 텃밭 식물을 지켜보고, 자라는 식물에게 말을 걸며 가까이한다. 계절마다 수확하는 작물은 마늘, 양파, 상추, 고추, 가지, 방울토마토, 땅콩, 오이, 호박, 수박, 여주, 수세미, 조롱박, 보리, 무, 배추 등, 가짓수가 참 많다. 텃밭 작물은 그대로 요리활동으로 이어져 아이들의 얼굴에는 웃음꽃을 안겨준다.

올해는 텃밭 활동을 조금 달리하고 싶었다. 어른들이 키워주는 2층 뒷마당의 텃밭은 감사한 선물이지만 교실 앞 지근거리에서 아이들이 자기 손으로 1인 1작물을 심고 수확해보면 어떨까 하는 생각이었다. 3층 우리 반 교실 앞 복도에는 철제 난간이 있었고, 교실이 건물 서편 끝쪽에 자리해 여유 공간을 활용할 수 있었다. 난간을 이용할 수 있는 덩굴 식물로 호박과 오이를 염두에 두었다. 마침 3층 교무실 책장 선반에는 작년에 거두어 둔 늙은 호박 두 통이 있었다. 그 호박을 이용해 생명의 순환을 경험시키고 싶었다.

아이들과 호박죽을 쑤었다. 봄에 먹는 호박죽이라니!! 달콤하고 맛깔났다. 호박을 자르고 씨를 파내어 잘 말렸다. 심는 용기는 급식실에서 나온 플라스틱 납품 용기를 재활용했다. 아이들과 구멍을 뚫고 흙을 담아 호박씨를 심고 비닐하우스를 만들어 씌웠다. 비닐을 안 씌운 곳과 비교하여 실험도 했다. 어느 날 작은 비닐하우스 안에서 봉긋 솟아난 싹을 보는 아이들의 눈길은 환희 그 자체였다. 호박씨를 심을 때가 5월이라 비닐하우스와 아닌 곳의 싹틔우기는 살짝 차이가 났지만, 날씨가 따뜻해지면서 성장 속도는 비슷해졌다. 호박은 푸르디푸르게 자라 복도의 싱싱한 오브제가 되었고, '늙은 호박의 지혜'라는 글을 게시하여 하나의 작품으로 전시했다. 늘 숲으로 가는 활동이다 보니 시간이 부족할 때가 있어 내 의도를 말해주면 아이들은 아는 듯 모르는 듯 고개를 흔든다. 먹거리가 되어 기쁨을 준 호박에는 씨앗이 있고, 그 씨앗을 땅에 심으면 싹이 나오고 줄기가 자라 꽃을 피우고 열매를 맺어 다시 싹을 틔워 각자의 역할을 다하는 생명의 순환을 어렴풋이 알았으리라.

늙은 호박의 지혜

호박아~ 호박아~ 늙은 호박아~
지난가을부터 봄까지 어떻게 견딘 거야?

풋호박이라면 바로 썩었을 텐데
여섯 달 동안 썩지 않은 비결이 뭐야?
혹시 씨앗을 지키려고 한 거니?
정말 대단해!!

따뜻한 봄날 호박죽이라니!!
달콤하고 맛있었어.
여기 아래 좀 봐!!
초록 싹이 나왔어!!
너에게서 나온 씨앗들을
물에 불리고 흙에 심었어.
추위를 싫어하는 너를 위해
비닐하우스도 만들었지.
그런데 기다려도 나오지 않아
걱정했지 뭐야.
10일 후 땅 위로 고개를 쏘옥 내민 너.
입 똥글 눈 똥글 민아가 소리를 질렀어.
와~~~ 싹이 나왔어!!
모두가 기뻐했어!!

뜨거운 여름 햇빛 듬뿍 받고
무럭무럭 자라렴.
탐스럽고 노오란 늙은 호박이 되어
10월의 어느 멋진 가을날 다시 만나자.
우리가 많이 많이 사랑해줄게.
신비로운 네 씨앗의 탄생을 축하해!!

솔빛숲에 와서 하는 텃밭 활동으로 6월쯤 꼭 모내기를 한다. '쌀나무'라고 하는 아이는 없었으면 해서다. "밀과 보리가 자라네" 노래가 있을 정도로 흔하게 볼 수 있던 밀이 지금은 거의 사라진 현실이 안타까워 '쌀'이라는 우리의 식량주권이 꼭 지켜지기를 바라서다. 손바닥만큼 작은 벼 농장을 위해 급식실에서 나온 간장통을 톱으로 반을 잘라 구멍 뚫지 않은 채로 흙과 물을 섞어 담았다.

"농자천하지대본"이었던 우리 고유의 정신을 아이들에게 거창하게 알려주고 고사리손으로 쏙 모를 심게 했다. 비록 작은 손바닥 농장이지만 이 벼를 수확하면 쌀가루를 구입하여 호박 설기를 해 먹을 것이다. 작년에는 쌀을 불려 조치원 방앗간에 가지고 가서 가루를 빻아 만든 백설기 떡을 가을 축제 음식으로 사용했다. 쌀을 귀히 여기고 우리 농산물이 우리 몸의 근간이 되는 삶의 원형을 아이들이 이 생태 활동을 통해 체험하기를 소망한다.

또 다른 텃밭 활동으로 교실 앞 복도에는 오이와 호박농장을 만들었다. 상토를 옮기고 나르는 것도 아이들끼리 힘을 모아 하게 했다. 흙을 담고 모종을 심고 말을 건네고 희망의 기운을 불어넣었다.

아이들이 아침 점심으로 매일 정성을 쏟아 무럭무럭 자랐으나, 뜨거운 여름의 식물은 곧잘 말라 주말에도 한 번씩 나와 들여다보았다. 그 정성이 닿았는지 오이는 푸르게 복도를 뒤덮었고, 각자 심은 오이 화분에서 대여섯 개씩 따는 기쁨을 맛보았다.

이 수확물을 어떻게 할지 이야기를 나누니 모두 엄마에게 선물하고 싶어 한다.

"좋아 ~ 나머지는 팔아보는 건 어때?"

"뭐라고 하면서 팔 거야?"

"오이 사세요~~ 싱싱한 오이 사세요~~"

오이를 팔면서 엄마 손을 이끌고 자랑스럽게 오이 자랑을 하는 다섯 살 아이의 흥분된 표정이 잊을 수 없는 감동으로 남아있다. 하원 시간 마중 나온 엄마, 아빠에게 오이를 팔아 17,000원이 모아졌다.

수익금을 어떻게 쓰지? 이야기를 나누니 장난감을 사고 싶어 하는 아이, 자동차를 사서 여행 가고 싶다는 아이 등 언제나 자기 경험에서 나오는 이야기가 먼저다. 이럴 때는 의도된 스토리가 필요하다. 음~ 어쩌고 저쩌고 해서~~

　　다행히 교사의 의도에 잘 따라준다. 돈이 모아지면 연말에 어려운 사람을 위해 쓰자고 의견을 모았다. 원내 생태 활동은 유아에게 끌어낸 자발적 환경보다 교사의 의도에 의해 만들어진 환경이 많이 필요하다. 그건 정성과 노력이다.

　　그리고 돈이 모아지는 모습을 아이들에게 바로 보여주고 싶었다. 그래서 커다란 종이에 그래프를 만들어 수익금을 붙이며 표시해 갔다. 오이 수확이 지나니 단호박도 영글었다. 단호박은 오이보다 적어 한 개 정도 수확할 수 있었으나 단가를 높게 매겼다. 그러자 수익금은 오이보다 더 높았다. 오이가 노랗게 익어가는 것도 관찰하며, 여름방학 전 노각 오이로 장아찌도 만들었다. 요리 과정에 소금과 설탕의 쓰임새를 알며, 식품을 장기간 보관하는 삶의 지혜도 알아간다. 여름방학이 끝나고 잘 담가진 노각장아찌를 가정에 보내며 7

세 아이들에게 노각장아찌 판매 과제를 내주니, 역시나 잘 전달하고 기부금을 받아와 그래프에 붙여간다.

지난봄, 호박죽을 쑤어먹고 나온 씨앗의 모종을 뒷마당 언덕배기에 심었다. 그 호박을 서리가 내리기 전에 수확했다. 모종을 늦게 옮겨 심어 노랗게 익지 못했지만 커다란 초록 호박을 조각내어 판매하니 어느새 8만 원이 훌쩍 넘는다. 텃밭 활동, 특히 수확물 판매 활동에 참여하는 아이들의 표정이 붉디붉게 피어오른다. 4월부터 시작한 활동을 10월까지 장기 프로젝트로 이어가니 참여하는 열기가 뜨겁다. 드높아진 자신감도 피부로 느껴진다. 오이, 단호박, 노각장아찌, 밤, 호박까지 몇 번의 반복된 판매 활동을 하면서 자신감과 성취감이 더욱더 높아짐을 볼 수 있었다. 자기 노력이 들어간 흔적을 엄마 아빠에게 보여줄 수 있어서 더 뿌듯해하는 것 같다. 수익금이 연말

에 어떻게 쓰일지는 아이들 몫이다. 우리 몸 건강의 8할은 먹거리가 차지한다고 하는데, 텃밭 활동을 통해 아이들이 먹거리의 중요성과 지속 가능을 위한 생태에 관심을 갖기를 소망한다.

두더지가 지나간 길

고라니숲_ 이가연

아이들의 모험심을 자극하는 환상의 숲
고라니숲 놀이 이야기

    무더운 7월의 어느 날, 숲 교실 한편에 두더지가 땅을 파고 지나간 흔적이 발견되었다. 그동안 숲길을 오가며 숱하게 봐왔던 두더지 굴이지만 아이들에게는 "어! 두더지 지나갔다!" 하며 지나쳐버린 것 이상도, 그 이하의 의미도 없었던 터라, 숲교실에 처음으로 뚜렷하게 나타난 땅굴이 어떻게 하면 놀이로 이어질 수 있을까 호기심이 일었다. 나는 조용히 삽을 들고 두더지가 지나간 길을 파기 시작했다. 몇몇 아이들이 관심을 갖고 다가왔다. 내가 무엇을 하고 있는지 궁금해하던 아이들은 이내 두더지 땅굴이라는 것을 알아차리고 나와 함께 땅을 파기 시작했다. 흔적을 따라 땅을 파보니 제법 멋진 길이 끝없이 이어졌다. 중간에 나무 터널도 지나게 되자 아이들은 이 터널에 '두두터널'이라고 이름도 붙여주었다.

    단순 땅파기에 그칠 수 있었던 이날의 활동은 두더지가 지나간 길을 따라 온갖 벌레들이 쏟아져 나오면서 아이들의 흥미와 몰입을 이어갔다. 삽을 뜨는 족족 지렁이, 땅강아지, 지네 등의 곤충이 나오자 아이들의 입에서는 연신 환호성이 터져 나온다. 아이들은 혹여나 잡은 곤충들을 놓칠세라 채집통에 재빨리 옮겨 담는다. 채집통에 흙도 깔고, 돌도 넣어주니 아늑한 집이

두더지가 지나간 흔적

두더지 길이 무너지지 않게
조심조심 땅굴을 파요

두두터널

지렁이 찾았다!

이번에는 작은 벌레예요

채집통에 모아볼까?

완성된다.

숲놀이 후 아이들은 교실로 돌아와 동물도감 책에서 두더지를 찾아보았다. 두더지의 먹이는 지렁이, 땅강아지, 지네 등이라는 것을 알게 되었으며, 그래서 두더지가 지나간 길에 곤충들이 많았던 이유도 알 수 있었다.

다음 날, 같은 자리에 또다시 두더지가 지나간 흔적을 발견했다. 숲교실에 도착해 가방을 내려놓자마자 아이들은 어제 땅을 팠던 곳으로 가 두더지 굴부터 확인한다. 이번에는 내가 먼저 삽을 들지 않아도 아이들이 땅을 파기 시작했다. 역시 지렁이가 나온다. 이번에는 특별하게도 선물 같은 사슴벌레를 발견할 수 있었다. 그동안 아이들이 숲에서 지내면서 장수풍뎅이와 사슴벌레 만나기를 학수고대하고 있었는데, 드디어 실물을 영접한 것이다. 아이

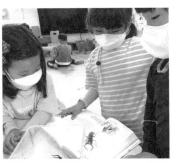
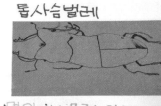

| 늠름한 사슴벌레 | 사슴벌레를 도감에서 찾아봐요! | 우리가 만든 곤충도감에서 |

들은 이날 놀이를 마칠 때까지 사슴벌레를 마음껏 관찰했고, 교실로 데리고 와 돌보아주기로 했다.

이후 며칠 동안이나 아이들은 매일 숲교실에 도착하면 두더지 굴로 가서 땅 파는 놀이를 했다. 두더지에 대한 관심은 밧줄놀이로도 확장되어 '두더지잡기' 놀이로 진행되었다. 아이들은 나무에 밧줄을 연결하고, 밧줄과 밧줄을 묶어 두더지 방을 만들었다. 두더지 잡기 놀이를 하기 위해 아이들이 직접 두더지가 되었고, 술래가 된 아이는 친구 두더지를 잡으며 놀이했다. 숲에 가지 못하는 날에도 교실 앞 복도에 밧줄을 설치하여 실내에서도 두더지 놀이를 이어갈 수 있었다.

| 밧줄로 꽁꽁 단단히 묶어요 | 밧줄을 엮어 두더지 방을 만들어요 |

숲에서도, 교실에서도 두더지잡기 놀이

봄꽃놀이, 아기놀이 그리고
냠냠, 맛있는 다있어 식당

고라니숲_ 이가연

소꿉놀이

이번에는 유아들의 생활과 매우 밀접하고, 무척이나 좋아하는 역할놀이에 대해 이야기하고자 한다. 흙을 담아 고슬고슬 밥을 짓고, 낙엽을 모아 반찬을 만든다. 별다른 도구 없이도 삽과 그릇만 있으면 그곳은 아이들의 소꿉놀이터가 된다. 하지만 같은 소꿉놀이라도 어떤 놀이 자료가 쓰이느냐에 따라 소꿉놀이의 양상이 달라진다.

봄꽃 놀이

따뜻한 봄기운이 만연했던 숲에는 봄꽃들이 꽃망울을 터뜨리며 제각각 아름다움을 뽐낸다. 진달래꽃과 쑥을 뜯고, 진달래 화전을 빚어서 달콤함을 맛보니 꽃에 대한 아이들의 관심이 더욱 높아진다. 채집한 꽃을 책에서도 찾아보고, 루페로 관찰하며 여러 가지 꽃들을 비교해 보고 그림으로 표상한다. 산수유, 진달래, 생강나무, 산벚꽃 등은 소꿉놀이에 유용한 재료로 사용되었다. 아이들은 여러 가지 꽃으로 케이크도 만들고 밥도 지으며 놀이를 이어간다. 진달래 화전 요리 경험은 다시 놀이로 재현된다.

진달래꽃 활짝 피었습니다 　　　루페로 관찰한 꽃 　　　루페로 관찰해요

진달래 그림 　　　진달래 화전 요리활동 　　　진달래 화전 놀이

꽃은 필요한 만큼만 채집해요 　　　여러 가지 꽃을 올린 봄꽃 케이크

아기 놀이

소꿉놀이를 하고 있는 아이들에게 어느 날, 놀이 자료로 분유를 제공했다. 아이들은 실제적인 놀이 자료에 눈을 반짝이며 너도나도 분유를 통에 옮겨 담느라 정신이 없다. 아이들이 각자 집에서 가져온 마실 물이 놀이 자료로 쓰인다. 분유에 물을 부어서 흔들어주며 분유를 녹인다.

"아가야, 분유 먹자."

"응애, 응애."

아이들은 아기 놀이를 시작한다. 돗자리 한편에는 아기 역을 맡은 유아가 누워있고, 엄마 역할을 맡은 유아들은 분유도 먹여주고 밥도 짓는다. 아이들은 분유를 보관할 냉장고가 필요하다며 돌을 모아 돌탑을 쌓는다.

"아기 놀이에 더 필요한 것이 있을까?"

"유모차랑 침대가 있으면 좋겠어요."

아기에게 필요한 아기침대와 유모차도 즉석에서 만들었다. 흙을 나르는 손수레가 유모차가 되었고, 썰매놀이에서 사용했던 종이박스가 아기침대가 되었다. 박스 침대 속으로 아기가 들어가 '자장자장~' 엄마가 아기를 재운다. 나무막대와 천을 엮어 아기 인형도 만들었다. 분유는 이날 모두 소진했지만, 아이들은 이후로도 아기 놀이를 계속한다.

와~ 분유다! 진짜 분유야!
선생님, 이거 어디서 났어요?

물을 조금 부어볼까?

흔들흔들~
분유야 녹아라!

아가야, 분유 먹자.
(썰매놀이에 사용하던 박스가 아기침대가 되었어요)

엄마가 밥도 해줄게

한 침대에 둘이 들어가
쌍둥이가 되었어요

돌을 쌓아 만든 분유 냉장고

분유와 흙을 섞었더니
코코아가 되었어요.

나무막대와 천을 엮어
아기 인형을 만들어요.

아기인형에 눈, 코, 입을 그려줘요.

흙을 나르는 수레가 아기를 태우는 유모차가 되었어요.   아기 인형들이 썰매를 타요.

아기와 함께 도시락을 싸서
호수공원으로 소풍을 가요.
오늘의 메뉴는
돌돌낙엽김밥과 도토리꽃 라면.

호수공원에 도착하니 멋진 분유통 연주회가 열렸네요.

냠냠, 맛있는 다있어 식당

평소와 같이 소꿉놀이를 하고 있는 아이들이 케이크와 피자를 만들었다며 교사에게 가져다준다.

"얼마예요?" 하고 물어보니 "나뭇잎 두 개입니다." 하고 대답한다.

"아~ 여기가 식당이에요? 식당 이름이 무엇인가요?"

"다있어 식당", "맛있어 식당", "냠냠 식당"

"식당에 다른 메뉴는 무엇이 있나요?"

"모든 게 다 있어요."

그래서 결정되었다. 우리 반 식당 이름은 "냠냠, 맛있는 다있어 식당"
이다.

갑자기 결정된 식당 이름에 아이들은 식당 간판도 만들고 메뉴판도 만
든다.

돌과 나무, 나무판자를 이용해 조리대와 가판대도 만든다.

모든 게 다 있는 식당이기 때문에 내가 좋아하는 음식, 먹고 싶은 음식
을 메뉴로 그려낸다. 숲 도구함에 구비되어있는 광목천과 매직으로 슥슥 그
려 내니 순식간에 그럴싸한 식당이 완성되었다.

그렇게 식당 간판과 메뉴판, 가판대는 숲 교실 한쪽에 자리 잡았고 성
황리에 영업 중이다. 같은 역할놀이지만 아이들의 관심사, 놀이 자료, 교사의
지원에 따라 놀이의 방향도 여러 갈래로 가지가 뻗어 나간다.

앞으로도 어떤 놀이로 숲을 가득 채우게 될지 기대된다.

식당놀이 시작.
"선생님 피자 드세요"

돌과 나무를 옮겨
조리대를 만들어요.

뚝딱뚝딱 못을 박아요.

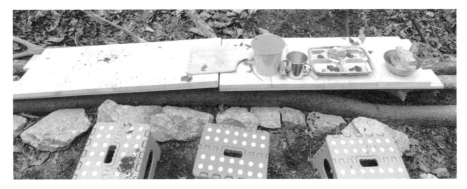

완성된 조리대

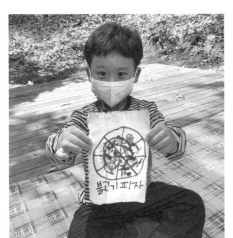

메뉴판을 만들어요.

간판과 메뉴판이 모두 완성되었어요. 이제 본격적으로 영업 시작!

손님이 오기 전에 그릇을 준비해요.

돌을 갈아서 가루를 만들어요.
양념으로 사용할 거예요.

"피자 먹으러 오세요."
호객도 열심이에요.

화덕에서는 열심히 피자를 구워요.

의자 전자레인지에서는
어떤 요리가 만들어질까요?

버찌와 앵두를 올리면 더 맛있겠죠?

맛있게 드세요, 손님!.

주문하러 갔더니 '브레이크타임'이래요. 역시 냠냠 맛있는 다있어 식당은 워라밸도 최고예요!

우리 식당은 메뉴에 없어도 다 만들어 드려요.   다음에 또 오세요~^^

"우리가 노래를 만들었어요" (알밤송 탄생기)
배우는 예술에서 창작의 주체로

고라니숲_ 김성진

아이들에게는 자신의 이야기를 담아줄 그릇이 필요하다.
아이들은 종종 기발한 생각과 아름다운 표현을 해내지만,
찰나 같은 순간은 손에 쥔 모래같이 금세 새어나간다.
아이들의 재잘거리는 말과 흥얼거리는 소리에 귀 기울이고,
이를 소중히 여겨 예쁜 그릇에 담으면 그것은 문화가 된다.
아이들의 무한한 창의성을 어떻게 하면 오롯이 담아낼 수 있을까?

(2019. 10. 29 "나의 교사일기"에서)

놀이의 배경

괴화산은 유독 밤나무가 많다. 2019년 3월, 처음 이 숲에 들어왔을 때 수북이 쌓인 밤송이를 치우는 것이 하나의 큰 임무였다. 얼마나 밤나무가 많은지, 숲을 오르는 길에도 숲교실에 도착해서도 애물단지 밤송이로부터 아이들의 안전을 책임져야 했다. 그렇게 봄과 여름이 지나 가을이 되니 밤을 활용한 다양한 놀이가 일어나기 시작했다. 숲이 내어준 토실토실 알밤과 함께 아이들의 놀이도 무르익어 갔다.

알밤 줍기

바밤바 만들기

밤꽃으로 자연물 꾸미기(거미)

겨울 동물에게 먹이그릇 만들어주기(알밤과 도토리)

밤꽃 왕관

자연물 소꿉놀이

밤양갱과 꽃차

놀이의 시작_ 〈알밤 비가 내리다〉

깊어가는 가을 어느 날, 숲을 오르는 길에 갑자기 밤송이가 우수수 떨어졌다.

유아 1 선생님! 밤이 엄청 많이 떨어져요. 쿵쿵 소리가 나서 깜짝 놀랐어요.

유아 2 소리 엄청 커요. 후두둑 하면서 100개나 떨어졌어요.

유아 3 우리 여기서 밤 줍고 가요.

유아 4 이 속(밤송이 속)에는 알밤이 두 개뿐이네. 에이, 쭉정이잖아. 이건 세 개짜리다.

유아 5 (알밤 세 개가 붙어있는 모양을 가리키며) 그거 애벌레 같다. 밤송이 속에 애벌레가 사네!

유아 4 애벌레 낮잠 자게 아카시아 이불 덮어줄까?

(알밤을 꺼내 아카시아 잎으로 감싼다.)

유아 5 그래. 남은 건 이따 숲교실에 가져가서 요리하는 데 쓰자.

떨어지는 밤송이 관찰하기

놀이의 전개 1_ 예쁜 말 대잔치

매일 밤을 관찰해 온 아이들이기에 별다를 게 없다고 생각했지만, 그날 많은 아이들은 숲에 있는 내내 밤을 활용한 놀이를 즐겼다. 혹시 교사의 시야를 벗어난 곳에서 특별한 놀이가 일어났을까? 하여 교실에서 오늘의 놀이 이야기를 나누었다.

유아 1 밤 떨어지는 걸 볼 수 있어서 너무 신기했어요.
유아 2 밤이 머리에 쿵 떨어질까 봐 조금 무섭긴 했는데 재미있기도 했어요.
유아 3 어디서 우두둑 소리가 자꾸 들렸어요.
유아 4 밤을 주워서 소꿉놀이하면 재미있을 것 같아요.
유아 5 밤송이가 떨어질 때 톡톡톡 소리가 난 게 신기해요.
유아 6 알밤이 3개 들어있는데 애벌레 같았어요.

아이들이 경험한 오늘의 밤은 어제와 달랐음을 알 수 있었다. 이미 떨어져 있는 밤을 줍는 것과 눈앞에서 밤송이가 떨어지는 장면을 처음 목격한 것은 전혀 다른 경험이었던 것이다.

갑자기 한 유아가 "밤으로 동시를 지어서 전시회를 하고 싶어요."라고 했다. 평소 노래 부르기를 즐기는 다른 유아는 이렇게 말했다. "선생님, 우리 이걸로 노래 만들어요. 동시를 노래로 만들어 부르면 멋질 것 같아요. 춤도 연습해서 나중에 뮤직비디오 만들어 엄마한테 보여드리고 싶어요."

아이들의 제안을 받아들여 작업이 시작되었다. 다른 유아들도 긍정적으로 반응하며 동시와 노래 중 자신이 더 하고 싶은 파트에 참여하겠다고 했다.

먼저, 커다란 종이에 적힌 아이들의 말을 동시의 형태로 함께 다듬는 작업이 필요했다. 여러 가지 표현 중 아이들에게 가장 인상적인 부분이 어느 것인지 이야기를 나눈 후, 재미난 표현에 마킹하여 가사를 정리했다.

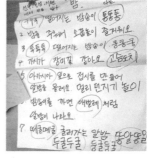

밤송이에 대한 생각을 모아 동시(가사)로 정리하기

유아의 고민과 교사의 지원

• 다양한 유아의 의견을 듣고 최대한 수렴하기

하나의 동시를 만드는 데 여러 아이의 의견을 수렴하려니 서로 어우러지지 않는 내용이 되기도 했다. 이것을 어떻게 매끄럽게 연결할지 의견이 떠오르지 않을 때 아이들의 회의에 어려움이 생겼다. 이때 교사는 여러 유아의 의견이 전체 내용을 훼손하지 않도록 적재적소에 가사를 배치하는 방법으로 지원했다.

유아 1 밤 떨어지는 소리가 '우두둑'처럼 들렸어요.
유아 2 '쿵쿵'은 그냥 발소리 같잖아.
유아 3 '우당탕', '툭툭', '쿵쿵쿵', '우두둑' 다 넣으면 이상할 것 같아.

• 생각이 말로 잘 표현되지 않을 때 이끌어주기

떠오르는 생각을 어떻게 표현해야 할지 모르는 유아를 위해 더듬더듬한 말을 정리하여 다시 유아에게 들려주거나, 단서가 될 만한 단어를 제시하는 방식으로 이끌어주었다.

• 창작이라는 작업에 흥미를 느끼도록 격려하기

창작은 자칫 지루한 작업이 될 수 있기 때문에 유아들이 흥미를 잃지 않도록 작은 의견에도 적극 격려했다.

놀이의 전개 2_ 이번 생에 작곡은 처음이라…

참 운이 좋게도 그해 우리 반은 최강 끼쟁이들이 모여 있는 반이었다. 하나를 알려주기 전부터 다섯을 해내는 아이들을 보며 흐뭇했다. 그러나 작곡은… 무엇부터 해야 할지 막막했다. 무엇보다 아이들에게 작곡 능력이 있을지도 미지수였다.

교사 우리 반 친구들이 만든 동시를 낭송해 볼까?(유아들이 함께 낭송함)
교사 이제 이 동시에 어울릴 만한 곡을 만들어보는 거야. 혹시 동시 낭송하면서 떠오른 음이 있는 친구 있니?
유아 1 제가 해볼게요. "우둑우둑 떨어지는 밤송이를 주워서~"♪

맨 처음 노래를 만들자던 ○○이가 두 마디를 시원하게 쏟아냈다. 시작이 좋았다. 피아노 음으로 다시 들려주며 이 아이가 표현한 것이 맞는지 확인시켜주는 방식으로 조금씩 정리해 갔다.
그다음은 다른 유아가 이어받아 또 한 마디를 연결해 주었다.
"아카시아 접시에~"
그리고 다음은?? 막혀버렸다. 아이들의 리듬과 멜로디는 이미 첫 유아가 뱉은 것에서 벗어나지 못하고 계속 반복되거나 다음 진행이 끊어지기 일쑤였다. 유아들의 힘으로 해결하는 데 한계가 있었다. 이럴 때는 교사가 다음한 마디 멜로디를 제시하거나 마디와 마디의 연결을 돕는 방식으로 지원했다. 조금 어렵기도 했지만, 교사의 약간의 지원이 있었을 뿐, 아이들의 힘으로 대부분의 곡을 완성할 수 있었다.

가사에 어울리는 음을 흥얼거리기

즉석에서 채보하기(교사 지원)

곡명 정하기

광목천에 대형 악보 그리기(교사 지원)

그림악보 만드는 과정(완성된 악보는 전시효과를 위해 복도 벽면에 게시)

놀이의 확장_ 우리가 만들고, 모두가 부르고

우둑우둑 떨어지는 밤송이를 주워서
아카시아 접시에 가득 담아 소꿉놀이
톡톡톡 떨어지는 밤송이 쿵쿵쿵
동글동글 알밤을 두 손 가득 주워요
밤송이 안-에 애벌레처럼
꼬물꼬물 꼬물꼬물 알밤이 숨었어요. 예!

　　그 후 아이들은 알밤송을 자주 부르며 즐거워했다. 숲교실에 가면서, 맨발걷기를 하면서, 급식실로 이동하면서, 현장학습 가면서. 유치원에 머무르다 보면 우리 반의 알밤송을 심심치 않게 들을 수 있을 정도로 아이들은 온종일 노래를 흥얼거렸다. 이제 만 3세부터 만 5세까지, 모든 아이들이 알밤송을 자신 있게 부를 수 있게 되었다. 준비된 아이들을 위해 음원을 만들기로 했다. 먼저, MR를 만들어 익숙하게 노래를 연습하고, 아이들의 목소리를 핸드폰으로 녹음한 뒤 마무리 작업은 전문가에게 의뢰하여 최종 음원이 만들어졌다.

　　그리고 유치원과 학부모님과 음원을 공유했는데, 여러 선생님의 격려의

엠알 제작 및 녹음 후반 작업

말씀과 더불어 가정에서도 부모님의 칭찬과 감동의 메시지가 이어졌다. 가족이 다 함께 부르게 되었다는 이야기도 들려왔다. 아이들은 자랑스러움에 어깨가 으쓱해졌다. 그리고 말했다. "이 노래가 정말 우리가 만든 거 맞아요? 너무 신기해요.", "우리 목소리 꾀꼬리 같죠?", "뮤직비디오도 빨리 만들고 싶어요. 춤 연습도 하고 있어요."

놀이의 의미 들여다보기

우리는 매일 아침 아름다운 노래로 하루를 시작한다. 아름다운 선율은 아이들의 감성을 풍부하게 한다. 또한 따뜻한 노랫말은 그 내용처럼 아이들의 마음을 따뜻하게 만들어준다. 학기 초 자주 다투던 아이들이 우정에 대한 노래를 부르면서 서로를 배려하고 이해하는 아이로 변해가는 과정을 종종 경험한다.

숲과 함께 세 번의 계절을 지나오며 봄의 밤나무-여름의 밤나무-가을의 밤나무를 경험했다. 분명 오늘의 숲과 어제의 숲은 달랐다. 그러면서 아이들은 주변의 변화에 더욱 민감해지고 세심한 관찰력을 기르게 되었다. 또한 숲이 주는 편안함 속에서 생각도, 표현도 더욱 창의적으로 성장하고 있음을 느낀다.

알밤송을 만드는 과정을 돌아보니, 밤송이에 대한 관심과 탐색으로부터 놀이, 창작, 후반 작업까지 대략 한 달이 조금 넘는 시간이 걸렸다. 놀이를 통한 배움이 일어나는 동안, 아이들은 때로 한계치에 부딪히며 힘들어도 하고, 때로는 이겨내며 성취감을 느끼기도 한다. 무엇보다, 자연이 주는 선물을 마음껏 누리고 노래하면서 아이들에게는 행복한 미소가 떠나지 않는다.

비 오는 날의 숲

향기로운 하늘숲_ 서희정

숲에 다닌 첫해, 처음 비 내린 날 갔었던 숲
지금도 기억에 생생하게 남겨진 그 숲은
어둡고 캄캄했다.
그 숲과 마주하던 순간 아이들도 나도 긴장했던 그 떨림
하지만 비 오는 날 숲에서는
또 다른 세상이 우리를 기다리고 있었다.

"비 오는 날 숲은 냄새부터가 달랐어요!"

톡 톡 톡 떨어지는 빗소리와 비 맞은 숲의 색의 변화, 그리고 숲의 향기
가 우리의 감각을 자극한다. 비 오는 날이면 평소 잘 볼 수 없었던 동물들과
고인 빗물은 우리 아이들에게 놀이 친구가 되어 준다.

"비 오는 날 숲에서는 다양한 친구들을 만날 수 있었어요!"

처음 만난 건 땅 위로 올라온 지렁이다. "와 ~ 지렁이다. 지렁아, 안녕?" 아이들은 자신의 친구를 만난 듯 반기며 인사한다. "지렁이가 우리 친구들을 보고 싶어서 놀러 나왔나 보다"라고 이야기해주니 아이들은 지렁이를 쓰다듬으며 "도롱뇽 같아, 젤리 같아, 물을 마시러 나왔나 봐요." 이렇게 아이들은 한참 동안 지렁이를 관찰하며 서로의 느낌과 생각을 나눈다.

아이들은 물웅덩이를 가장 좋아한다.

"숲 교실로 이동하면서 아이들은 숲의 냄새가 달라졌음을 느꼈나 봐요!"

시은이는 "비가 오니까 숲에서 행복한 냄새가 나요"라고 이야기하고, 도아는 "비가 오니까 땅 색깔이 변하네, 돌 색깔도 변해"라며 이야기한다.

다른 친구들도 각자가 느끼고 관찰하며 "땅이 찰흙 같아, 찐득찐득하고 쫄깃쫄깃해요, 느낌이 좋아요"라고 이야기한 것에 대해 서로 대화하고 느낌을 나누었다.

숲 가는 길에 보이는 물웅덩이마다 그냥 지나치지 못한다.

한 아이가 웅덩이에서 장난을 치다 흙탕물이 옷에 튀니 걱정하는 얼굴이다. 괜찮다고 하니까 아이들은 너도나도 첨벙첨벙 소리 내며 신나게 물장구를 친다. 그리도 좋을까? 아이들이 너무도 좋아하는 모습에 한동안 넋을 놓고 보았다. 물웅덩이에서 첨벙첨벙~ 아이들의 웃음소리가 퍼진다.

선생님, 비가 오니까 숲이 더 재밌어요.♡

숲에서 돌아온 아이들은 맨발로 앞마당 놀이를 하고 싶다고 제안했다.

장화를 벗어 던지고 비 내리는 앞마당으로 뛰어가는 아이들~. 호연이가 물웅덩이에서 맨발로 흙을 천천히 밟아보며 촉감을 느껴보는 모습이 보인다. 어떤 느낌이 드는지 물어보니 "좋아요, 꼭 우리 집 소파 같아요. 편안해요"라고 대답한다.

도아는 흙산에서 황토 흙을 한 움큼 주워와 "선생님, 찰흙이에요. 더 말랑해졌어요." 하며 보여준다. 어떻게 더 말랑해졌는지 물으니 "물을 많이 묻혀서… 너무 많이 묻히면 흐물흐물해져."라고 말한다. 아이에게 "우와~ 도아가 스스로 깨달았네?"라며 함께 기뻐한다. 다른 친구들에게도 자신이 발견한 것을 알려주며 신이 난다.

아이들은 가르쳐주는 지식을 받아들이는 것보다 자신이 스스로 지식을 발견하여 알게 되었을 때 훨씬 큰 기쁨과 성취감을 느낀다. 이런 경험이 유아들의 생각하는 힘을 길러주고, 더 나아가 주도적인 삶을 살아가게 도울 것이다.

삶을 노래하는 아이들

향기로운 하늘 숲_ 서희정

숲속에 들어선 아이들은 온 감각의 문이 열린다. 아이들은 계절마다 나타나는 색의 변화와 비 내린 숲에서 돌멩이와 나무의 색이 변화된 것도 발견한다.

지저귀는 다양한 새의 소리를 구분하기도 하고, 숲의 냄새가 달라졌음을 이야기한다. 봄의 숲, 여름의 숲, 가을 숲, 겨울 숲을 함께 지내며 만나게 되는 다양한 동식물들과 대화하고 소통하며 그들과 친구가 되고, 아이들의 이야기 소재가 되기도 한다.

　　자연 속에서 온 감각으로 자극받았을 때 아이들이 쏟아내는 언어는 너무나도 아름답다. 이런 아이들의 말을 호응해주며 되받아 이야기해주는데, 담을 수 있는 주머니가 있다면 다 담아 놓고 싶을 만큼 귀한 언어를 쏟아낸다.

　　비 오는 날 숲을 온 감각으로 느낀 다섯 살 선웅이가 "비 오니까 나무도 돌멩이도 변했네."라며 외친 말이 "선생님, 숲은 카멜레온 같아요."였다. 숲이 똑같지 않고 변화함을 느끼고 이를 카멜레온에 비유하는 아이를 보며 감동했고, 아이들의 표현 하나하나가 다 아름다워 글로 표현할 수 있게 도와주었다.

　　'향기로운 하늘 숲'은 단풍2반 아이들이 지어준 이름이다. 한 달 정도 숲 교실에서 자연과 함께 생활해 본 아이들과 숲 이름을 지어보았는데 우리 숲 교실의 특징을 잘 알고 표현해 주었다. "선생님, 우리 숲에서는 좋은 냄새가 나요. 하늘이 잘 보여요. 하늘이 예뻐요. 새들이 많아요. 새들이 좋은 냄새를 맡고 왔나 봐요." 등 다양한 이야기를 해주었다.

"우리 반 아이들과 함께 지어본
'향기로운 하늘 숲'이라는 동시 소개해 보아요"

아이들은 '향기로운 하늘 숲'에 대해 어떻게 생각할까?
시를 통해 아이들의 생각을 잠시 엿본다.

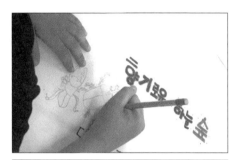

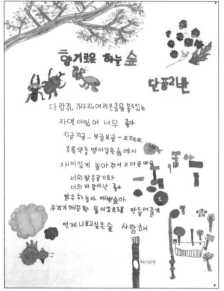

아이들이 동시를 숲에게 선물로 주고 싶다 해서 나무에 걸어주었다.

숲이 들을 수 있게 함께 읽어주기도 하며, 아이들의 마음을 숲에게 선물
했다.

아름다운 새소리, 졸졸졸 흐르는 물, 풀잎에 맺힌 이슬, 아름다운 꽃과
나비… 이 모든 것들이 일어나는 숲은 예술적이다.

이런 예술적 공간인 숲에서 우리 아이들의 영혼은 더 아름다워지는 것
같다.

하늘

서우진

숲에서 하늘을 봤어요
맑은 하늘 바라보면 예뻐요
뽈록뽈록 하얀색 구름
고양이 구름 하나, 솜사탕 같은 구름
구름이 솜사탕처럼 포근한 느낌

삐약삐약 병아리

이은유

병아리 데리고 숲으로 간
단풍2반
삐약삐약
병아리 울음소리
삐약삐약
풀숲에서
단풍2반 숲에서
신나게 놀고 싶은 병아리들

아름다운 가을

김보민

무지개! 너무 예뻐!
단풍아! 단풍잎이 너무 예뻐!
밤아! 밤나무가 너무 예뻐!
가을아! 다음에 또 예쁜 거 보여줘!
난 가을을 사랑해요

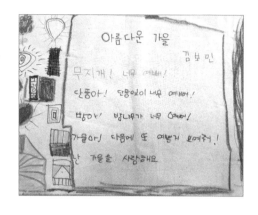

개구리

정현순

우리 숲에 놀러와서 좋아
개굴아! 자주 놀러 와라
널 보면 우리들은 웃음이 나
그게 네가 좋은 이유야

다람쥐

도하린

다람쥐야 다람쥐야
미안한데
밤 한 개만 가져갈게
우리가 밤을 하나만 가져간다고
해놓고 많이 가져가서
미안해

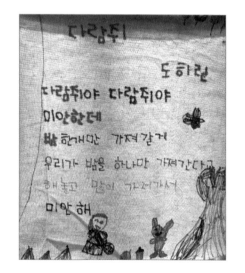

나는 숲이 좋아

장은성

숲에서 원반 그네를 타는 게 좋아
점프해서 타고 새처럼 멀리 날아가니까
구름 타고 여행을 떠나는 느낌이야
숲은 우리랑 놀아줘
요리 놀이도 할 수 있게 해주고
꽃이랑 곤충들이랑 잡기 놀이를 해
동물 친구들을 많이 만날 수 있게 해줘
새들의 소리를 들으면 좋은 꿈을 꾸는 것 같아
그래서 나는 숲이 선생님만큼 좋아

비야

최이든

비야~ 우리 귀에 잘 들려줘서 고마워
엄마랑 아빠가 물을 따라줄 때 소리랑 똑같아
비야~ 나무도 잘 자라게 해줘서 고마워
비가 와서 나무가 더 커지는 것 같아
비야~ 넌 참 좋은 친구야
다음에 또 만나고 싶어
날 보러 와줘~

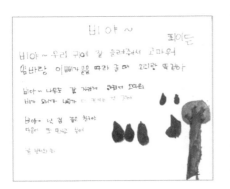

꿀벌

김도건

벌아~ 유치원에 날아다녀서 내 마음이 좋아
벌아~ 꿀을 잔뜩 가지고 어디를 가니?
집으로 가니? 나무로 가니?
꿀을 잔뜩 가지고 갈 때 기분은 어떠니?
난 널 보면 기분이 무척 좋아
꽃을 닮은 벌아
꽃이 활짝 폈을 때 꽃잎이 날아다니고
그 모습이 날개같이 이뻐~
벌아~ 사랑해

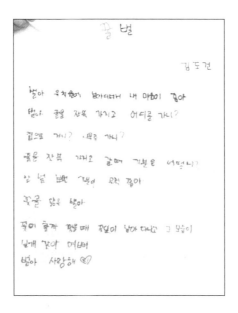

비밀의 숲이 아파요

은행반

비닐쓰레기가
아구구 아구구

여기에도 있고
저기에도 있고
땅속에도 있고
아구구 아구구

나무도 꽃도 풀도
숨을 쉴 수 없어
아구구 아구구

우리가 지키자
우리는 숲속 슈퍼맨
비닐 악당을 물리치자

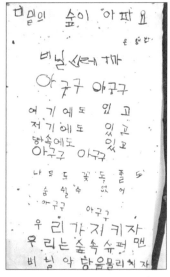

그동안의 동시 활동은 교사중심의 교육과정 속에서
"정해진 동시 따라 읽기"
"여러 번 읽고 외우기"
"따라 외운 동시의 빈칸을 채워보기"
등이었다.

숲에서 놀이중심 교육을 하면서 아이들이 온 감각으로 느낀 것을 작은 목소리로 쫑알쫑알, 흥얼흥얼거리는 모든 이야기가 동시가 됨을 알게 되었다.
그동안 내가 가르쳤던 동시는 껍데기일 뿐이라는 것을 비로소 깨닫게 된 순간이었다.

꿈의 정글 숲 '이순신 뱃놀이'

꿈의 정글 숲_ 손정화

"우와, 이순신 배다!"
조용한 숲교실에 이 작은 외침이 크게 울려 퍼진다.
이 한마디가 두 달 동안 우리를 뜨겁게 만들어준
이순신 뱃놀이의 시작이었다.

우와! 이순신 배다!

코로나19로 3월 개학이 미뤄지고 6월이 되어서야 아이들의 숲놀이가 시작되었다.

숲은 어느새 푸른 잎이 무성한 싱그러운 숲이 되었고 그 숲속에서 놀이하는 아이들은 평온했다. 매일 아이들은 숲속 그늘이 드리워진 해먹을 타기도 하고, 친구들과 밧줄그네를 타며 즐거운 시간을 보냈다. 일곱 살 남자친구들은 송장벌레를 잡아 채집통에 넣은 후 곤충베틀놀이가 한창이었다. 아이들은 서서히 숲을 느끼고 즐기고 있었다.

그러던 어느 날, 비스듬히 쓰러져있던 나무 위를 올라타던 환희가 "우와! 이순신 배다!"라고 외쳤다. 여느 때와 같이 삼삼오오 모여서 놀이를 하던 아이들이 하나둘씩 모여들기 시작했다. 누가 봐도 이순신 배 같지 않은 나무 위를 올라보던 아이들이 "진짜 이순신 배다!"라고 하는데, 듣고 있던 나도 모르게 웃음이 나왔다.

놀이의 흐름

"선생님~ 도구가 필요해요"
"그래? 그럼 도구함에서 너희가 필요한 것들을 가져와봐"
사다리와 톱을 가져오는 아이들... ㅎㄷㄷ

쓰러진 나무를 올라타다
"우와!이순신배다!"

안전 제일! 바닥 정리는 필수!

주변에 있는 나무를 모아와 올라타는 지지대를 만드는 아이들.

'이순신배'에 올라탈 사다리 완성!!

거북선 지붕 씌우기

'이순신배'에 깃발을 달고 비닐로 만든 철심지붕을 씌운 후 "자! 이제! 출격!!!"

거북선 지붕을 만들어요 나름 철심을 표현하는 중

"그런데 이순신배는 어떻게 생겼어요?" 교실로 돌아와 이순신 동화를 보고 거북선 을 만들기 위해 필요한 것들을 회의하기

배 옆으로 새로운 구조물을 만들고...

우리 같이 이순신 배를 만들자!

그동안 흩어져 놀이를 하던 아이들이 처음으로 이날 함께 모여 놀이를 시작한다. 일곱 살 형님인 상원이가 "먼저 바닥을 쓸어야 돼! 바닥에 아무것도 없어야 떨어져도 괜찮아."라며 갈퀴로 바닥에 있는 나뭇가지, 돌 등을 치우기 시작한다. 높은 나무에 올라타기 전 떨어질 것을 대비해 바닥에 있는 돌을 치워야 한다는 선생님의 이야기를 제법 잘 새겨들은 모양이다. 상원이가 갈퀴로 바닥을 치우는 모습을 지켜보던 친구들도 너도나도 주변의 썩은 나무들과 돌부리, 잡초 등을 치운다. 누가 시키지 않았음에도 더운 날씨에 구슬땀을 흘려가며 열중하는 모습이 제법 진지하다.

"안 되겠다! 이건 너무 짧잖아.", "이것보다 좀 더 긴 나무를 가져와야 돼!"

주변에서 기다란 나무를 주워 와서 쓰러진 나무(이순신 배)에 세워보는 아이들. 다섯 살 막내 해든이도 자기 키보다 긴 나무를 주워와 형들과 함께 세워본다. 무거운 나무들은 친구와 함께 서로 힘을 모아 옮기기도 하고, 짧아서 자꾸만 쓰러지는 나무를 탓하며 좀 더 기다란 나무를 찾아보기도 한다. 이렇게 한참을 모아온 나무 기둥들을 서로 맞대어 세워보려고 하지만 쉽지 않다. 그래도 끝까지 포기하지 않고 여러 번의 시행착오 끝에 드디어 이 순신 배에 오를 나무 기둥을 만들어내고 환호한다.

도구가 필요해요!

하지만 이순신 배에 기대 세운 나무기둥을 타고 오르기에 어려움을 느 낀 아이들이 이리저리 궁리해본다. 아이들은 선생님에게 이순신 배에 올라 타는 튼튼한 사다리를 만들기 위해 도구가 필요하다고 한다. "그럼 너희들이 도구함에서 필요한 도구들을 가져와 봐." 선생님의 한 마디에 환희와 지운이 가 신이 나서 도구함으로 뛰어간다.

잠시 뒤 "선생님!" 하며 뛰어오는 환희와 지운이의 표정이 환하다. 큰 나

무에 묶어 주려고 준비해둔 징검다리와 톱을 용케도 잘 찾아왔다. "이걸로 올라가는 계단을 하면 되겠어요." 환희는 자신들이 세운 나무기둥과 징검다리를 이용해 사다리를 만들어 달라고 한다. 이제는 선생님의 도움이 필요할 때다. 아이들 눈에는 못 하는 것이 하나도 없는 선생님이 아이들이 세운 나무기둥에 징검다리를 밧줄로 묶어 사다리를 만들어준다. 톱을 들고 온 지운이는 길쭉하게 튀어나온 나무를 잘라 본다. 위험할 수도 있지만 선생님이 지켜보는 가운데 안전수칙을 지켜가며 안전한 이순신 배를 만들어본다. 이렇게 아이들이 이순신 배에 쉽게 올라탈 수 있는 사다리와 매끈한 이순신 배가 완성되었다. 자신들이 만든 이순신 배에 올라타는 아이들이 "여기가 용머리야!", "여기까지 올라오는 거다. 여기는 운전하는 자리야!"라며 전에는 관심도 없던, 그저 쓰러진 나무였던 그것을 자신들의 이순신 배로 만들고 있었다.

이렇게 꿈의 정글 숲교실에 '이순신 배'가 만들어졌다. 다른 놀이를 하던 여자 친구들도 '이순신 배'에 올라타며 관심을 보인다. 앞으로 이 '이순신 배'에서 어떤 놀이가 펼쳐지게 될까?

그런데 이순신 배가 뭐에요?

'이순신 배'가 만들어진 후 아이들은 매일 숲에 가면 이순신 배에 먼저 달려가 오르곤 했다. 동생들도 형님들을 따라 매일 이순신 배를 외치던 어느 날. "선생님~ 그런데 이순신 배가 뭐에요?" 다섯 살 동생들의 관심과 궁금증이 튀어나오는 순간이었다. 같이 놀이를 하던 일곱 살 형님들도 이순신 배 즉 거북선의 구조와 모양에 대해 궁금해했다.

숲놀이를 마치고 교실로 돌아와 이순신 동화를 보며 거북선의 실체를 알게 된 아이들의 눈이 반짝였다. 그리고는 자신들이 만든 이순신 배가 실제 이순신 장군님이 만드신 거북선과 조금은 다르다는 사실을 깨달은 순간, 새로운 거북선을 만들 아이디어 회의가 시작되었다.

"이순신 배는 대포가 있어야 돼.", "뾰족한 철심이 있어서 일본군들이 배에 올라탈 수 없었대. 우리도 배의 지붕을 만들자.", "아카시아 가시가 뾰족하니까 그걸로 철심을 만들면 되겠다!", "용머리도 있어야 돼!" 아이들은 비닐과 박스, 썩지 않은 나뭇가지, 아카시아 가시 등 여러 가지 재료를 생각해낸다. '혹시 안되지 않을까?'라는 걱정 따위는 하지 않는 듯했다. 회의하는 동안 아이들의 목소리가 점점 들뜨며 기대에 차기 시작한다. 그래, 우리 재밌게 거북선을 만들어보자! 교사인 나도 재미와 기대 속에 설레기 시작했다.

회의를 마치고 상원이는 자신이 생각한 이순신 배의 설계도를 그리더니 "선생님, 제가 설계도를 그렸어요."라며 뿌듯해한다. 다른 친구들은 함께 광목천에 멋진 그림을 그려 넣어 이순신 배에 걸기 위한 깃발을 만들었다.

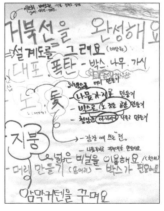

우리가 상상한 '이순신 배'

　꿈의 정글 숲교실에서 아이들과 이순신 배에 지붕을 만드느라 분주하다. 우선 유치원에서 아이들이 요구한 비닐을 챙겨왔다. 바닥에 비닐을 깔자 아이들은 이순신 배 지붕의 철심을 매직으로 그린다. 나름 뾰족뾰족한 철심을 그림으로 표현하는 동생들. 형님들보다 동생들이 더 적극적으로 그림을 그린다. 잠시 뒤 형님들은 철심을 그린 비닐을 이순신 배 위에 씌우느라 진땀을 흘린다. 텐트의 타프를 치듯 바닥에 나무기둥을 박고 그 위에 비닐을 씌우려는 모양이다. 하지만 바닥에 세운 나무 기둥은 자꾸만 옆으로 쓰러진다. "바닥을 파고 기둥을 세워야지~", "밧줄로 여기를 묶어봐."

　아이들은 삽으로 땅을 깊게 파고 나무기둥을 박은 후 다른 나무에 밧줄을 묶어 쓰러지지 않게 나무기둥을 세운다. 몇 번의 시행착오 끝에 나무기둥이 세워지고 그 위에 비닐을 씌운다. 비닐에 구멍을 뚫어가며, 밧줄을 묶어가며, 서로 잡아 주고 끊임없이 이야기해가며 이순신 배의 지붕을 만들어 간다. 마지막으로 아이들이 전날 교실에서 만들어 온 깃발을 달자, 아이들이 상상한 제법 그럴싸한 이순신 배가 완성되었다. 이미 점심시간을 훌쩍 지나가는 터라 마음이 바빴지만, 마지막으로 자신들이 만든 이순신 배에 올라타

서는 선생님께 기념사진을 찍어달라고 한다. 아이들의 얼굴은 커다란 성취감으로 빛나고, 자신들이 이순신 장군님이 된 것처럼 느끼는 듯했다.

이날 저녁 환희 어머님께서 문자 한 통을 보내오셨다. 요즘 환희가 이순신에 푹 빠져있다면서 환희가 그린 그림들과 함께. 이날 이순신 배를 만들며 놀던 경험이 가정에서까지 이어지고 확장되는 모습에서 이 놀이에 푹 빠진 환희를 발견할 수 있었다.

이제는 '명량대첩'이다!

아이들의 '이순신 뱃놀이' 사랑은 정말 뜨거웠다. 매일 숲에서는 이순신 배에 올라타서는 "내가 이순신이다!", "너는 노를 저어.", "나는 대포를 맡을게." 하고 각자 자신들의 역할을 하며 놀이를 만들어갔다. 여자 친구들의 관심도 대단했다. 소꿉놀이와 거미줄 놀이에 빠져있던 여자 친구들도 놀이 도중 꼭

한 번씩은 이순신 배에 들러 배 위에 올라타기도 하고, 그 위에서 자신들만의 상상놀이를 즐기기도 했다. 바다도 아닌 숲속에 뜬금없이 등장한 이순신 배가 의아하게 느껴질 때도 있었지만, 이것이 아이들의 상상력을 자극하고 이렇게 오랫동안 아이들의 흥미를 이끌어 낼지 그때는 몰랐다.

그렇게 한 달이 넘도록 이순신 배에 대한 관심과 흥미가 지속되었고, 아이들은 점점 더 이순신 장군에 대해 알고 싶어 했다. 어느 날, 아이들과 함께 본 이순신에 관한 다큐멘터리 속의 '명량대첩'은 이 놀이의 최대 증폭제가 되었다. "선생님, 우리도 '명량대첩'을 해요.", "그래? 명량대첩을 하려면 무엇이 필요하지?" 이렇게 명량대첩 회의가 시작되었다. 아이들은 자신들의 다양한 생각을 내놓았고 바로 실행에 옮겼다. 먼저 거북선 지붕인 비닐은 너무

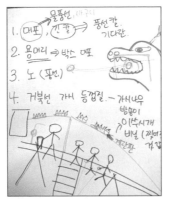

약하다는 의견에 계란판에 이쑤시개로 철심을 박자는 의견, 용머리에서 대포가 나와야 한다는 의견, 대포는 물풍선이 좋겠다는 의견 등 여러 가지 생각들이 바로 새로운 놀이가 되었다.

나뭇잎배로 하는 '명량대첩'

명량대첩을 하기로 한 날. 어느새 장마철이 되어 아침부터 비가 쏟아진다. 아이들과 예정대로 명량대첩을 진행할 것인지 이야기를 나눈다. 물풍선 대포는 날이 뜨겁고 더울 때 시원하게 하는 것이 좋다며 다음으로 미루자는 의견이 다수이다. 하지만 아쉬움을 감출 수는 없었다. 얼마나 기다려온 결전의 날인가! 그래서 뒷산 언덕에 있는 대나무 잎을 따왔다. 교사인 내가 어렸을 때 나뭇잎배를 띄워 놀았던 경험이 생각난 것이다. 아이들과 대나무 잎으로 나뭇잎배를 만들어 숲으로 향했다. 숲교실로 내려가는 길에 전날 밤부터 내린 큰비로 물길이 생겼다. 아이들은 너도나도 할 것 없이 자신들의 대나무 잎 배를 띄워본다. 그때 여섯 살 안환이가 "이순신 배가 날아간다~" 하며 소리친다. 아이들 머릿속엔 오직 이순신 배 생각뿐이었다. 숲교실 사랑퐁퐁 하트연못에 물살이 거세다. 아이들은 연못 물이 흘러내려가는 좁은 길목을 보며 "여기가 울돌목이다!", "잡아~~" 하며 나뭇잎배를 띄운다. 명량대첩에 등장

하는 울돌목을 생각해낸 것이다. 어느새 사랑퐁퐁 하트연못은 진도 앞바다가 되고, 아이들은 그 속에서 한참 동안 명량대첩 놀이를 펼쳤다.

숲속의 '명량대첩'

화창한 아침. 유치원에 등원하는 아이들의 발걸음에서 신남과 기대감이 느껴진다. "선생님~ 안녕하세요? 오늘 '명량대첩' 하는 날이죠?" 등원하자마자 제일 먼저 물어보는 말이다. 이날은 모든 아이가 한마음이 된 것처럼 명량대첩 이야기로 아침부터 시끌시끌 활기가 넘쳤다. 이런 모습을 지켜보는 선생님의 마음도 분주하다. 먼저 숲에는 물이 없기에 물풍선에 물을 채우고 아이들의 가방과 소쿠리에 나누어 담았다. 뾰족뾰족 이쑤시개가 박힌 계란판과 재활용품과 아카시아잎으로 만든 양면의 용머리도 챙기고, 한가득 짐을 서로 나누어 짊어지고 숲으로 향했다.

힘이 들 법도 한데 아이들은 씩씩하게 숲에 오른다. 물풍선을 한가득 소쿠리에 담아 머리에 이고 가는 선생님의 마음도 즐겁기만 했다. 숲에 이르자 이순신 배에 새로운 계란판 지붕을 씌우고 용머리를 달았다. 역시 고정하는 일이 쉽지는 않지만, 그간의 실패 경험을 살려 우여곡절 끝에 결투가 벌어질 이순신 배를 완성한다. 아이들은 편을 나누었다. 이순신 배에 올라탄 이순신 편과 밖에서 공격하는 일본군 편이다.

그 후 물풍선을 집어 들고 "공격!!!"을 외치는 순간. 명량대첩이 시작되었다. 이순신 배의 상징 철심을 표현한 계란판의 이쑤시개에 물풍선을 던지자 여기저기서 시원하게 물 폭탄이 터지고 아이들은 환호했다. 고정력이 약해 떨어진 계란판은 아이들의 방패가 되었고, 아이들은 이순신 배와 온 숲을 뛰어다니며 물풍선 폭탄을 던지면서 명량대첩 놀이를 한다. 그렇게 뜨거운 햇살이 비추는 꿈의 정글 숲은 시원한 해전이 펼쳐지는 바다로 변해 있었다.

끝나지 않은 이순신 뱃놀이: 고마웠어~ 이순신 배야~

마지막 꿈의 정글 숲속 명량대첩을 마지막으로 1학기 숲놀이가 끝났다. 무더운 날씨 탓에 방학 전 유치원 앞마당에서 펼쳐지는 유두절 물놀이만 남은 상황이었다. 하지만 우리 미루1반 아이들의 마음속 이순신 뱃놀이 사랑은 여전했다. 교실에서 나무 블럭으로 이순신 배를 만들고 놀이를 하는 모습, 유두절 물놀이에 또다시 등장한 이순신 물대포 놀이를 하는 모습, 비 오는 앞마당에 커다란 물길을 만들어 진도 앞바다라고 하고 그 속에 울돌목을 만드는 아이들의 모습을 보며 '이 이순신 뱃놀이의 끝이 어디일까' 생각해 보았다. 두 달 동안 이어진 놀이가 지겨울 법도 할 텐데, 아이들은 이 반복되는 놀이 속에서 놀이를 변형하고 재창조하며 확장해 갔다. 교사인 나도 두 달 동안 아이들과 호흡하고 놀이하면서 이순신 뱃놀이에 흠뻑 빠져들 수 있었다. 내가 이렇게 무언가에 푹 빠져서 열정적으로 몰입한 적이 있었던가 싶을 정도의 흥미로운 경험이고 선물이었다.

학부모들의 반응도 뜨거웠다. 학급밴드에 올린 놀이 사진을 보며 부모님들이 달아준 댓글에는 유치원에서의 이순신 뱃놀이 경험이 가정으로까지 흘러들어가고 부모님들도 아이들의 놀이를 공감하며 공유해온 과정이 고스란히 담겨있었다. 늦은 시간 집 거실에 매트와 책으로 이순신 배를 만들었다는 이야기, 화분 나뭇잎을 따서 나뭇잎배를 만들어 목욕하며 놀이했다는

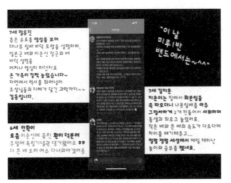

이야기, 부모님께 일본군 배와 이순신 배 모양의 차이를 설명하는 아이를 보며 대견스러웠다는 이야기들 속에서 놀이에 대한 부모님들의 믿음이 드러난다. 이순신 뱃놀이를 마무리하면서 아이들의 놀이 경험이 새로운 배움이 되고, 교사와 부모가 함께 놀이를 지원해주는 경험을 통해 확장되어간다는 사실을 피부로 느끼게 해준 이순신 배에게 무한한 고마움을 느낀다.

"고마웠어~ 이순신 배야~^^ 잘 가~"

너의 눈길 닿는 곳 어디나
마음의 눈으로 세상을 보다

새들의 숲_ 정정원

3월… 숲은 부지런히 보이지 않는 봄을 준비하고
아이들은 빈 숲을 여기저기 헤집고 다닌다.
숲의 주인들이 돌아오기 전에 미리미리 아지트를 만들고 영역을 확보
한다.
까칠한 현오는 대화의 8할을 '싫어', '안돼'라는 두 단어로 해결한다.
체구가 작고 체력이 약해 숲까지 오는 길이 참 멀고 힘들다.
제 등보다 커 보이는 가방을 메고
비탈진 산길을 숨이 턱에 닿도록 능선에 오르고
능선 너머 비탈길을 다시 내려가야 숲교실에 도착한다.
그래서일까? 매일 아침 '숲에 안 가'를 외치며 실랑이를 벌인다.

"현오야~ 숲에 잠깐만 다녀올까?"
'싫어' '안돼' '앙~~~~~'
현오는 닭똥 같은 눈물을 흘린다.
큰 벽돌 블록을 높이 쌓아 놓고 자신의 영역에 누구도 들여놓을 수 없

다는 철벽 방어. 세상과의 소통을 거부라도 하듯.

 그렇게 매일 아침 한참씩 실랑이를 해야 문을 나설 수 있다….

 발음이 정확하지 않아 의사소통이 원활하지 않은 현오로서는 교실 안 자신의 영역에서 안전하고 완벽하게 놀잇감과 시간을 보내고 싶다.

 현오는 알고 있을까?

 불행히도 엄마의 선택이 숲유치원이었다는 것을… ㅋㅋ

 그랬던 현오에게도 봄은 왔다.

싸리꽃이 꽃봉오리를 터트리기 시작할 때…

형들은 그네를 밀어주려 애쓰고, 누나들은 현오의 손을 잡고 숲 여기저기를 산책하고, 선생님은 꿀 떨어지는 눈으로 현오를 바라보고.

닫혀 있는 현오의 마음을 열어 보려 모두가 애썼다.

누가 시켜서 그렇게 행동한 것도 아니다. 그저 사랑스럽고 귀여운 현오의 웃는 얼굴 한번 보자고 마음 가는 대로 이리저리 봄바람을 타고 움직였을 뿐이다.

아이들이 자신들의 놀이에 빠져 정신없이 꿈틀대는 숲을 휘젓고 다니고 있을 때 현오의 닫힌 마음이 돗자리 안에서 녹고 있었다.

아무리 봐도 조막만 한 현오가 귀여운 은호는 다정하면서 조심스럽게 현오 옆에 살포시 앉았다. 은호는 알고 있었을까?

작고 작게 술렁이는 현오의 마음에 은호가 바람을 일으켰다는 것을.

현오의 작은 변화를 놓치지 않은 은호의 섬세한 감수성에 놀라움과 감사의 마음이 아지랑이처럼 피어올랐다.

드디어 현오는 은호의 리듬에 휩쓸렸고 아이들 속으로 들어갔다.

울컥! 감사한 마음에 코끝이 찡했다….

은호가 열어준 문을 열고 나와 현오는 숲을 누빈다.

절대로 내려가지 않을 것 같은 위험한 비탈을 뛰어서 내려온다.

비탈을 내려오다 엉덩방아를 찧어 엉덩이가 아픈지

'아야, 아야···' 하면서도 다시 도전한다.

멀끔했던 옷은 금세 흙투성이가 되고 형아들은 그런 현오의 놀이를 응원한다.

그 후로 숲에서 현오를 쉽사리 찾을 수가 없었다. ㅎㅎㅎㅎ

현오는 숲에 도착하자마자 도구함에서 삽을 꺼내 친구들이 모여 있는 연못으로 향한다. 연못은 학기 초 선생님과 아이들이 해마다 물이 나는 곳을 골라 땅을 파 만들었다. '퐁퐁 연못'이라고 이름도 붙여 주었다. 퐁퐁 연못은 곧 무르익을 봄에 연못을 찾아 알을 낳게 될 개구리와 도롱뇽을 위한 것이다.

드디어 쌀쌀한 초봄 바람을 맞으며 파놓은 구덩이에 물이 차올랐다.

연못이 모습을 갖추자 그곳엔 늘 선유가 있었다. 선유는 땅을 파고, 물이 오르기를 기다리고, 개구리와 도롱뇽이 알을 낳을 때까지 연못을 떠나지 않았다.

4월… 무당개구리와 도롱뇽들이 연못에 쉴 새 없이 알을 낳았다.

"아유~ 귀여워. 선생님… 이것 좀 봐! 귀엽지?"

"헉!!! 서, 선유야… 무당개구리가 무사히 깨어날 수 있는 거지? ㅠㅠ"

　　사랑스러운 생명체들과 좀 더 가까이하고픈 선유의 관심은 어떤 말로도 멈출 수가 없다. 친구들이 넝쿨 진 으름나무 사이를 뛰어다닐 때도, 새로 매어놓은 그네에 열중할 때도 선유는 오래도록 연못 주변을 지켰다.

　　다행히도 무당개구리는 무사히 부화했고, 그 뒤로도 몇 번 알을 더 낳아 연못 가득 개구리 가족이 생겼다.

　　개구리 알이 부화를 기다리는 동안 미루2반 최정임 선생님이 지인에게서 누에를 분양받아 왔다. 그중 다섯 마리를 교실로 데리고 왔다.

　　숲 가득 뽕나무가 많아 매일매일 싱싱한 뽕잎을 따다 먹이를 주었다.

　　누에들이 어쩜 그렇게 쑥쑥 자라는지 새삼 놀랐다.

누에는 똥도 귀여워!

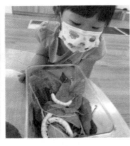

선유는 꼬물거리는 누에들을 무척 사랑했다.

매일 아침 누에 똥을 치우는 수고를 재미있어했다.

피곤해서 유치원에 오기 싫은 날도 누에 똥을 치우러 유치원에 왔다.

드디어 누에들이 고치를 짓기 시작했다.

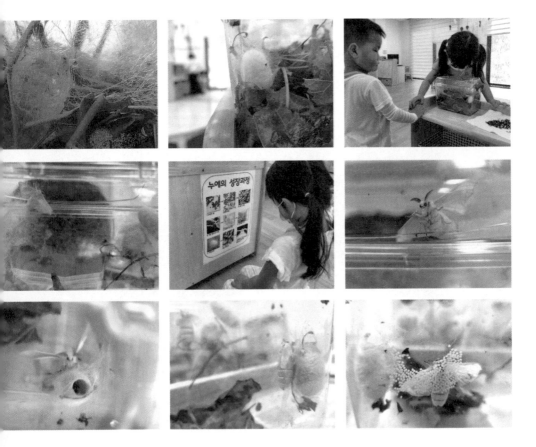

고치를 틀고 조용히 잠을 자고 있는 누에들이 깨어나기를 숨죽여 기다리는 시간이 이어졌다.

2령의 누에부터 지켜봐 온 선유는 누에의 성장과정을 한참이나 집중해 바라보고 있었다. 고치 속에 든 누에들이 어떤 얼굴로 선유 앞에 나타날까 궁금해하면서….

2주간 고요한 침묵의 시간이 지났다.

수컷 누에가 먼저 나오고 이틀이 지나 암컷 누에가 나왔다.

누에들이 고치를 뚫고 나오기 위해 열심히 침을 뱉어 녹인 구멍을 아이들이 빠르게 알아챘다. 숲에 오가는 길에도 구멍이 많다. 뱀이나 두더지가 지나다니는 구멍이다.

익숙한 모양이다.

그래서일까? 아이들이 고치에 뚫린 구멍을 금방 알아보았다.

깨어난 나방은 이틀 만에 알을 낳기 시작해 3~4일 동안 채집통을 노란 좁쌀 바다로 만들어 놓았다.

그리고 그 생명을 다했다.

아이들은 누에의 죽음을 담담하게 받아들였다. 새로운 생명들을 잔뜩 뿌려 놓고 생을 다한 누에들…

자연의 이치다.

생명의 자연스러운 순환…

아이들은 생명의 나고 자람과 소멸의 흐름을 자연스럽게 인지하고 있
었다.

그 작고 여린 생명체들을 우리가 어떻게 보호하고 살펴야 할지도 몸으
로 알게 되었을 것이다.

오늘도…

선유는 그렇게 친구들과 초록빛 세상 속으로 길을 나섰다.

선유의 눈길이 닿는 곳 어디나 생명 가득한 그곳으로….

삶 이야기

유아의 삶
함께 노는데 왜 나누어요?

이가연·서희정

    누리과정이 운영되기 전, 공립유치원의 경우 초등학교병설유치원이 많았고, 소규모 병설유치원의 경우 혼합연령의 학급편성이 많았다. 이때의 혼합연령 학급편성은 혼합연령의 교육적 장점을 극대화하기 위해서가 아니라 단일연령으로 한 학급이 채워지지 않아, 학급운영의 효율성을 위해 편성된 경우가 많았던 것 같다.

    옛 기억을 더듬어 보면, 소규모 혼합연령 학급을 운영하다가 누리과정이 시행되면서 학급을 늘리고 원아 모집이 적게 되어도 연령별 학급의 인프라 구축 차원에서 3세, 4세, 5세 학급으로 구성하고자 하는 노력이 한때 있었다. 단일연령 학급을 운영할 수 있게 되었다는 것에 유아교육이 진일보했다는 설렘으로 가득했던 때였다.

    그 후 별 감흥 없이 단일연령 학급을 한동안 운영했다. 그리고 솔빛숲유치원 근무를 앞두고, 혼합연령 학급을 운영한다는 것에 걱정이 앞서기 시작했다. '연령차가 있는 아이들과 한 학급에서 어떻게 평화롭게 생활하지? 숲유치원인데, 3세 어린아이를 데리고 어떻게 숲에 다니지?' 교사로서의 걱정들로 어깨가 한참 무거운데, 학부모님들의 걱정은 더욱 마음을 무겹게 했다. 첫 학급 다모임에서 연령별 입장차를 보이며 첨예하게 대립하던 학부모들.

- 만 3, 4세 학부모 큰 아이들에게 치이는 거 아니에요? 치이지 않게 잘 좀 봐주세요
- 만 5세 학부모 일곱 살도 어린아이예요. 동생들만 신경 쓰느라 교사 눈길 한 번 못 받는 거 아니에요?

- 만 3, 4세 학부모 우리 애가 나쁜 말을 배워왔어요. ○○형한테 배웠다고 하네요.
- 만 5세 학부모 우리 애가 아기 말을 해요. 동생들이랑 있으니까 보고 배우는 것이 없이 아기 짓만 하는 건 아닐지 걱정이에요.

이런 입장 차이로 첫해 학기 초 학부모들은 혼합연령 학급을 예민한 눈으로 바라보았던 것 같다. 그러나 이런 걱정과 연령별 입장 차이에 대한 대립들은 시간이 지나고 계절이 흐를수록 점점 사라지게 되었다. 학기 말 교육과정 운영 평가 자리에서 혼합연령 학급 운영에 대한 사례 등을 가지고 교사들의 많은 이야기가 있었다. 결론부터 말하자면, 혼합연령 학급편성이든 단일연령 학급편성이든 일장일단이 있다는 것이다. 그러나 숲유치원의 놀이 중심 교육철학에는 혼합연령 학급운영이 더 적합하고 자연스러우며 긍정적인 삶의 교육이 구현된다는 것이다.

솔빛숲유치원 혼합연령 학급편성에 대한 생각을 교사, 유아, 학부모로 나누어 정리해보았다.

혼합연령 반을 운영해온 교사들의 이야기

교사 1

채○은 막내고, 자기주장이나 개성, 생각이 분명한 7세 여아다. 3, 4세에 유치원 다니는 것을 싫어해서 숲유치원 입학 추첨에 당첨되고 나서도 유치원을 잘 다닐 수 있을지 부모가 걱정이 많았다고 한다. 입학 후 잘 적응해서 1학기를 다녔고, 담임교사를 무척이나 좋아하고 잘 따랐다.

어느 날 이 아이가 "선생님 손 잡고 가고 싶어요" 하며 교사 손을 잡았는데, 다른 아이들은 왜 새치기를 하냐며 뒤로 가라고 했다. 다른 친구들의 등쌀에 뒤로 갈 수밖에 없었고, 그 뒤로도 며칠을 선생님과 손잡고 숲에 가거나 급식실을 오가고 싶어서 애를 태웠다. 교사의 동선을 잘 관찰하던 이 아이는 급식을 받아서 문 입구 쪽에 얼른 앉았다. 급식을 빨리 먹고 친구들과 놀지도 않고, 교사의 움직임만 살핀다. 그러다가 "다 먹은 사람은 선생님 앞에서 줄 서세요"라고 하자, 개구리처럼 펄쩍 뛰어나오다시피 하여 선생님 앞에 1등으로 줄을 섰다. "드디어 선생님 손 잡고 간다!" 아이는 정말 행복해했다. 이 아이의 손을 잡고 교실로 향하는 길에서 뒤에 오는 어린이들을 위해 잠깐 속도 조절을 하려고 기다리고 있었다.

그때 만3세 우○이 장난치며, 줄도 서지 않고 새치기하며 돌아다니는 것을 보고는 채○은 무척 신경이 쓰였던 것 같다. 1등으로 선생님 손을 잡고 줄도 서야겠고, 우○도 신경 쓰였던 채○은 뒤를 돌아보고 소리 지르며 "우○아, 얼른 줄 서. 선생님 따라와야지"라고 소리치다가 결국 교사 손을 놓으며 "선생님 저 일등 안 할게요" 하더니, 장난치고 있는 우○에게 달려가서 그 아이의 손을 잡고 뒤에서 줄을 서서 따라온다. 채○이 얼마나 교사의 손을 잡고 싶어 했는지, 그리고 교사의 손을 잡고 갈 수 있는 방법이 무엇이 있을지 궁리한 시간이 한 달은 족히 되었을 것이다.

교사의 손을 잡고 싶었던 아이가 한 달 동안 생각하고 방법을 찾아내서 교사의 손을 잡고 1등으로 가는 것을 성공한 날. 동생을 챙기기 위해 기꺼이 자신의 욕심을 포기하고 뒤로 걸어가는 발걸음은 오히려 행복해 보였다. 그 후로도 채○은 우○의 누나였고, 선생님 손을 잡기 위한 노력은 하지 않았다. 그러다 채○이 긴 시간 동안 가정체험학습을 다녀왔고, 유치원이 좋기는 하지만 엄마의 품도 좋아서 며칠간 아침에 눈물을 보이는 시기가 있었다. 늘 챙김만 받던 우○이 조용히 다가와서 채○을 살포시 안아주며 어깨를 토닥이고 위로해 준다. 잠시 후, 두 아이는 손을 잡고 교실로 들어와서 자연스럽게 우유를 마시러 간다.

교사 2

놀이중심 교육과정으로 운영하게 되면서 혼합연령이 주는 긍정적인 영향이 더 많이 보입니다. "교사가 활동을 주도하지 않고 아이들이 주도적으로 자신의 시간과 공간을 사용하게 되면서 형님, 친구, 동생들과 놀이를 만들어가는데요." '놀이'를 통해 연령 간의 어우러짐이 자연스럽게 이루어지게 됩니다.

경험이 많은 큰 연령의 아이들을 중심으로 놀이가 확장되고 풍성해지는 경우를 자주 봅니다. 동생들이 단순하게 요리하며 놀이하고 있는데 형님들이 함께 참여하게 되면서 캠핑장 놀이로 확장되어 텐트와 테이블과 의자를 놓게 되고, 바베큐 고기를 구우며 그럴싸한 캠핑장 놀이가 진행됩니다.

동생들은 형님들이 하는 놀이를 함께하면서 자연스럽게 확장된 놀이를 경험하고 배우게 되는 것이지요.

교사 3

여러 놀이 상황에서 서로 도움을 청하고 도움을 줄 수 있는 다양한 상황이 생긴답니다. 숲에서는 신체적인 요소가 강점이 될 때가 많아요. 그러다 보니 연령 간 신체적 차이가 서로에게 도움이 되고, 도전의 경험이 되기도 합니다.

5세 나 비행기 접어줄 사람?
6세 접어주고 싶은데. 이건 못 접어.
7세 내가 해줄게.

교사 4

우리는 일상에서 또래들과만 생활하는 것이 아니라 다양한 연령의 사람들과 지냅니다. 하지만 교육기관에서는 연령으로 구분하고 또래집단으로 반을 구성하여 교육하는, 현실과 이질감이 있는 사회교육을 행하고 있습니다.

유아교육기관에서 아이들은 작은 사회를 경험하며 다른 사람들과 더불어 살아가는 방법을 배워나가고 있습니다.

혼합연령 반을 운영해보며 단일연령의 반에서보다 다채로운 갈등이 일어나고 있는 모습을 볼 수 있었습니다.

또래와의 갈등뿐만 아니라 형, 동생 사이에서 일어날 수 있는 다양한 갈등을 해결해나가는 아이들을 보며 다양한 연령 속에서 발생하는 배움과 문제는 삶에서 꼭 필요한 유아기의 교육임을 깨닫게 되었습니다.

교사 5

동일연령 반에서는 서로의 다름과 다양성을 더 잘하는 아이와 뒤처지는 아이로 인식하고 비교하는 모습을 보게 되며, 이는 아이들에게 열등감이나 좌절감으로 작용하기도 합니다.

하지만, 혼합연령 반에서는 발달의 차이를 문제로 인식하기보다 다양성으로 인식하여 형, 친구, 동생 관계에서의 상호작용으로 배움과 가르침의 상황이 다양하게 주어지며, 이러한 교육은 자신감과 배려심을 길러줍니다.

혼합연령 반에서 생활해온 아이들의 이야기

혼합연령 반에서 생활해온 아이들에게 형님들과 동생, 친구들과 함께 생활해보니 어떤 점이 좋았는지, 반대로 불편한 점은 없었는지 이야기를 나누어 보았다. 사실 아이들은 단일연령 반으로 지내본 적이 없는 아이들이 대부분이어서 이런 질문을 하는 의도를 잘 이해하지 못하는 아이들도 있었다.

"왜 다른 유치원은 같은 친구하고만 지내요? 다 함께 지내면 좋은데?"

산에 올라갈 때 힘들었는데 오빠들이 저를 잡아줘서 기분이 좋았고 쉬워졌어요. _김○○

종이비행기를 못 접어서 힘들었는데 서우진이 접어줬어요. 동생인데도 저보다 잘하는 게 있어요. _배○○

형님들이 책을 읽어줄 때 좋았어요. 저는 글자를 몰라서 못 읽는데 재미있게 읽어줘요. _손○○

동생들이 너무 귀여워서 도와주고 싶고 같이 놀고 싶어요. 동생들이 제 말을 잘 들어줘서 좋았어요. _유○○

하린이 누나가 글씨를 못 써서 힘들어했는데 제가 도와줬어요. 도와주니 제 기분이 더 좋았어요. _장○○

동생들이 제가 심심해할 때 "형아, 같이 놀자"라고 했을 때 동생들한테 챙김받는 것 같아 든든했어요. _정○○

동생들이 많아서 도와줄 때 힘이 들어요. 숲에서 장갑 끼는 것을 도와줄 때 힘들었어요. _김○○

친구랑 놀이하고 싶은데 동생이 계속 놀아달라 해서 힘들었어요. 안 놀아준다고 속상해했어요. _김○○

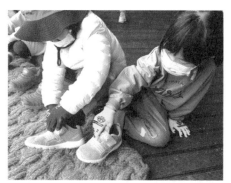

혼합연령 반에 대한 학부모님들의 평가에서

부모 1

처음에는 혼합연령운영 편성에 대해 교사가 수업을 진행함에 어려움이 있을 듯했고, 아이들의 또래 관계 형성에 걱정이 앞섰습니다. 하지만 혼합연령 반에서 6세를 지내며 형님들과 자연스럽게 어우러져 한글을 떼더니 7세가 된 지금 누구보다 동생들을 챙기는 책임감 있는 형님이 되었습니다.

떼쓰거나 심술부리는 동생을 보아도 '동생은 원래 그런 거'라며 타이르는 모습을 보면서 형제가 적은 요즘 아이들 교육에 맞는 학급편성이라고 느꼈습니다.

솔빛숲을 시작으로 여러 유치원에 혼합연령 학급편성이 많아지고 초·중·고교에서도 수업시간이 아닌 동아리 활동이나 여러 수업 외 활동에 여러 연령의 아이들이 어우러져 화합하는 수업이 확대되면 좋겠습니다.

부모 2

염려했던 부분이 기우였을 정도로 장점이 훨씬 많습니다. 서로에게 배워가고 또 도움을 주며 챙겨주는 등, 또래집단 그 이상으로 사회성 형성에 많은 도움이 됩니다.

부모 3

혼합연령편성으로 서로 배려하고, 돕고, 자연스럽게 사회성이 길러지는 것 같습니다. 동생들을 도와주면서 다른 사람들을 도와줄 수 있는 힘이 생겼습니다.

부모 4

다양한 또래관계를 경험하고 어우러져 생활하는 모습이 놀랍기도 하고 대견하기도 합니다. 제일 어린 동생이다 보니 언니 오빠들의 사랑과 돌봄을 듬뿍 받으며 생활했습니다. 억지로 한글공부를 해주지 않아도 언니 오빠들을 통해 자연스럽게 경험하고 관심을 갖기도 합니다.

부모 5

5~7세 통합반으로 핵가족 시대의 단점을 보완합니다. 다양한 연령의 아이들이 한 교실에 있음으로써 사회성이 길러져요.

부모 6

아이가 외동이다 보니 이기적인 부분이 있을 수 있는데, 혼합연령 반에서 지내며 협동심이나 배려심을 키울 수 있었습니다.

부모 7

혼합연령 반이라 미리 작은 사회를 경험하는 것 같아 좋아요. 경쟁관계에서 벗어나 사회적인 기술을 익히고, 아우로부터 자아효능감을 느낄 수 있어요.

부모 8

혼합연령 반에서 지내며 형들과 갈등도 있고 싸울 때도 있겠지만 형과 동생, 친구들과 어울리는 법을 배우고 있습니다.

부모 9

친구들끼리만 있으면 동등한 입장이어서 다툼과 이해관계가 생기기 쉬운데 혼합연령 반인 경우 동생에 대한 이해심과 친절함이 생기고 형님들에게는 의젓함이 생기는 것 같아 장점이 많아 보입니다.

부모 10

혼합연령 반에서 지내며 훨씬 다양한 생각들을 공유할 수 있어서 좋아요. 아이들 스스로 결과물을 만들어내기에 혼합연령 반이 적합한 것 같아요.

부모 11

형아 누나들에게 예쁨 받고 또 많이 배우게 되어 너무 좋습니다. 5세라고 치이기는커녕 사랑을 듬뿍 받아 내년에는 새로 들어오는 동생들에게 사랑을 나누어줄 수 있지 않을까 싶습니다.

혼합연령 반에 대한 생각을 교사, 유아, 학부모로 나누어 정리해보았다. 긍정적인 이야기가 대부분이지만 우려되는 이야기도 있었다.

혼합연령 반의 학부모 평가 중에서 공통된 이야기가 또래(같은 나이, 또는 성별)의 수가 적다는 점이다. 형님, 동생들과 잘 어울리는 점은 좋지만 같은 연령과 성별인 친구가 없어 이를 걱정하시는 부모님들도 있었다.(솔빛숲유치원은 만 3세 4명, 만 4세 6명, 만 5세 8명으로 구성됨. 만 3세의 경우 같은 성별인 또래가 없을 수도 있음)

교사들은 이 점에 대해 이야기해 보았다. 또래와 친구란 무엇인지부터 시작했다. 우리는 이것을 '같은 나이'로만 바라보고 있었다. 생각해보면, 연령으로 아이들을 나눌 때 7세 1월 생일과 12월 생일은 열한 달 차이다. 그런데 7세 1월 생일과 6세 12월 생일은 두 달 차이다. 누구와 친구라고 해야 맞겠는가? 이래서 한 살 터울은 '친구'라는 말이 나온 것 같다. 여기서 또 질문하게 된다. '왜 꼭 또래 친구를 만들어야 하는가?' '우리는 지금, 사회에서 또래 친구를 만들어야 한다는 생각을 하는가?' 우리는 사회에서 다양한 나이의 사람들과 함께 어우러져 생활한다. 유치원은 작은 사회의 집단이고 그 안에서 아이들은 함께 어우러짐을 경험한다.

고정관념을 깨고 아이들을 관찰해보자. 아이들을 관찰해보면 같은 연령으로만 친구를 만들지 않고, 놀이를 함께 이어갈 수 있고 자신과 놀이 성향이 맞는 아이들을 찾는 모습을 볼 수 있다.

친구를 만들지 못한다는 것을 꼭 나이로 고정해 바라보지 말고 그 해에 같은 반 아이들과 발달상 또는 성향이 맞지 않아 놀이 구성원을 이루지 못하는 아이들이 있을 수 있다는 점에 대한 대안을 생각해 보기로 했다.

우리 유치원은 개방형 구조로 되어있으며, 4개의 공동현관이 있고 각 공동현관은 두 학급이 함께 사용한다. 그러다 보니 두 학급이 자연스럽게 어울릴 수 있는 환경이다. 실제로 반에서 놀이 친구를 만들지 못해 배회하는 모습을 보이는 유아가 있었다. 그런데 두 반이 같은 현관 교실과 숲 교실을 사용하면서 함께 놀이하는 시간이 많아지다 보니 같은 반에서 찾지 못한 놀이 친구를 찾게 되면서 해소되었다고 한다. 공동현관을 열어주어 아이들이 자유롭게 교실을 오가며 함께 놀이할 수 있게 어울림의 장을 넓혀주기로 했다.

교직원의 삶
함께 만들어가는 솔빛숲 교사 이야기

이현주·한정희

마을로 들로 냇가로 때론 학 트인 공간으로
맘껏, 힘껏, 소신껏 놀이를 하기 위한 놀이터로
교육공동체와 마을주민이 함께 가꾸는 아이를 위한 공간으로

교사는 이러해야 했다

교사는 연간교육계획의 생활주제에 따라 월간교육계획을 작성하고, 그와 연계성을 갖춘 주간교육계획, 일일교육계획을 작성하는 일을 끊임없이 해왔다. 배워야 하는, 미리 정해진 내용을 집중시간이 짧은 유아들에게 잘 전달하기 위해 수업을 설계하고 준비해서 가르치는 일을 해온 것이다. 교사가 계획한 일을 아이들이 잘 배울 수 있도록 주의집중을 시도해야 했고, 수업에 집중할 수 있게 하는 일은 교사의 능력 영역으로 이해되기도 했다. 그리고 교사가 계획해서 수업하는 과정 혹은 마지막으로 아이들이 수업을 잘 이해했는지 알아보기 위한 평가 과정을 거쳤다.

이런 일련의 과정은 오랜 시간 동안 당연한 교사의 역할로 여겨져 왔다. 교사는 수업 전문성을 신장하기 위해 수업을 설계해서 아이들과 수업하는 과정을 다른 교사나 학부모들에게 보여주기 위해 공개수업을 했다. 그리고 수업이 잘 됐다고 긍정적인 평가를 받을 때면 유능한 교사가 된 것 같았다. 그러나 돌아보면 그 속에는 교사의 계획이 있고, 수업이 있고, 수업을 위

한 열정적인 준비가 있고, 아이들에게 수업에 참여하는 자세를 가르치기 위한 질서와 규칙이 있었지만, 아이들이 빠져있었던 것 같다. 수업 시작점에 아이들의 관심이나 흥미가 없었으며, 아이들은 묻는 말에 손 들고 대답해야 했고, 교사에 의해 평가받아야 했다.

이전의 교실, 예전의 수업에서는 교사가 주도하고 아이들은 그저 수동적으로 따라와야 했으며, 교사 1인이 아이들을 통제하고 끌어가는 구조였던 것 같다. 아무리 아이들의 흥미를 중심으로 하고, 가령 계획된 수업을 하는 중에 벌이 들어와서 아이들이 벌에 관심을 보인다면 벌에 대해 알아보는 것으로 수업의 흐름을 바꿔야 한다고 하며, 아이들의 흥미를 중시하는 수업을 하라고 강조하기는 했지만, 그런 수업의 기본은 교사에 의한 계획, 교사에 의한 수업, 교사에 의해 평가되는, 지극히 수동적인 존재여야 했던 것 같다.

숲유치원 교사가 되기 위한 갈등들

솔빛숲유치원을 개원하고 아이들과 함께 숲으로 갈 때만 해도 누리과정은 개정 전이었다. 세종시에서는 아이다움 교육과정으로 놀이중심교육과정이 먼저 행해지고 있었지만, 전년도에 타 시도에서 전출 온 나에게는 지극히 당연히 여겨지던 생활주제 중심의 교사 계획-수업-평가 체제가 아닌 놀이중심교육과정은 참으로 불편하게 하는 교육과정이었다. 교사가 계획하는 것이 아니고 유아가 자유롭게 놀이하도록 하는 것이 먼저였다. '교사는 그럼 무엇을 해야 하는가? 교사의 역할은 무엇인가? 그렇다면 교사가 왜 필요한가? 자격증이 없는 일반 방과후 특성화 교사나 가정에서의 엄마들과 다를 것이 무엇인가?'라는 헷갈림 속에서 무엇을 어떻게 해야 할지 교사로서의 정체성이 흔들리기 시작했다. 아이들이 하고 싶은 대로 마음껏 자유를 주라고 한다. 아이들이 어떤 행동을 해도 어떤 놀이를 해도 괜찮다는 말인가? 제재해야 하는가? 무조건 자유를 줘야 하나? 나는 교사로서 무엇을 해야 하나? 교사는 절대로 계획하면 안 되고, 주도해서 가르치면 안 되고, 아이들이 무조건 스스로 찾아내게 해야 하나? 숲유치원 교사로서의 역할과 정체성을 찾기 위한 노력이 수시로 시도되었던 것 같다. 전문적학습공동체, 교사 협의회, 회식 자리, 맨발걷기를 하는 앞마당에서조차도 논쟁은 수시로 벌어졌다.

다음은 교사들 간에 오갔던 '혼돈의 시간들'을 보여주는 사례다.

교사 1 교사는 어떤 것도 절대 아이들에게 가르치려고 하지 말아야 해요. 놀이하는 가운데 아이들은 스스로 놀이를 찾고 배울 수 있는 능력이 있어요. 지금까지의 것들은 모두 인위적인 교육이었어요. 지금까지 해온 것들을 모두 버려야 놀이중심교육을 숲에서 실천해갈 수 있습니다.

교사 2 아이들이 발견해야 하는 지식도 있지만 아이들에게 가르쳐야 하는 지식도 있습니다. 예절 같은 사회적 지식은 가르쳐야 하죠. 예를 들어, 사과를 사과라고 부른다는 것을 가르쳐야죠. 사과라는 단어를 아이들이 '사과라고 부르는구나'를 굳이 발견해 내도록 해야 하는 것은 아니잖아요. 전래놀이도 마찬가지예요. 동화도 노래도 가르쳐주지 않으면 모르기 때문에 교사의 계획에 의한 가르침도 어느 정도 필요하다고 생각해요.

교사 3 맞아요. 안전교육 같은 것은 가르쳐야 합니다.

교사 4 세상은 정반합에 의해 적응하고 또 발전해 왔다고 생각합니다. 어떤 것이 정답이고 어떤 것이 틀리고의 관점으로만 접근하면 갈등만 깊어질 수 있습니다. 세상에 절대 틀린 것은 별로 없다고 생각해요. 자신이 맞다고 생각하는 숲유치원 교육철학과 방향을 각 반에서 펼쳐보면서 끊임없는 반성적 사고와 성찰로 다듬어 나가는 것이 좋을 것 같습니다.

교사 5 무조건 "절대 안 돼, 이건 아니야!"라고 부정하는 것이 아니라, 수업의 시작점을 아이들에게 주고 아이들의 놀이를 관찰하고 교사는 그 속에서 아이들의 놀이 진행에 필요한 자료를 지원해주고 아이들의 요구를 들어주고 생각을 실현시켜 가는 과정이 놀이중심입니다. 수업의 주도권을 교사가 아닌 아이들에게 돌려주는 것이 선행되어야 합니다. 앞에서 이끌어가는 것이 아니라 함께 놀며 놀이의 적극적 참여자가 되어 놀이를 지원하고 아이들의 생각을 실현시켜 가는 것이 중요합니다.

동굴 속 어둠 같았던 혼돈의 시간을 통과하며

처음엔 '수업의 개념적 정의가 무엇인지부터 가르쳐서는 안 되는가?', '어디까지를 유아가 스스로 하게 두어야 하는가?' 등 원초적인 것도 논쟁의 대상이었다. 어떤 것도 강요할 수 없었고, '나는 맞고 다른 사람은 틀리다.'라고 쉽게 단정 지어 말할 수 없는 시간들이었다. 입학식 준비조차 내가 하지 않은 것을 다른 반이 하고 있다면 경계의 대상이 되었고, 다른 반이 우리 반과 다른 것에 극도로 민감한 반응을 보였다.

놀이중심 교육과정과 숲교육과정을 운영하라고 주어진 환경 속에서 준비되어 있지 않은 교사들은 현실과 몸으로 부딪쳐 가며 최초의 공립 숲유치원 교육과정을 하나하나 치열하게 만들어가게 되었다. 기본적으로 통일되어야 할 교육철학과 비전을 함께 만들고, '스스로 도전하고 숲과 함께 행복한 솔빛숲공동체'라는 비전 속에서 8학급의 교사, 각 학급 아이들의 구성원이 다르기에 교육방식도 내용도 모든 것이 달라야 놀이중심 교육과정이 잘 운영되는 거라고 의견이 모아지기 시작했다. 놀이를 만들어가는 각 학급의 주체가 다르고 각기 다른 숲을 경험하므로 학급 수만큼의 교육과정이 운영되어야 발현적 교육과정, 놀이중심 교육과정, 유아가 주도권을 갖는 유아중심 교육과정이 제대로 실현되는 것이라고 생각하게 되었다.

숲유치원 교사가 되다

첫째, 민주적인 학급문화(교사도 n분의 1만큼만)

- 교사는 결정권자가 아니다.
- 교사도 학급에서 n분의 1이다. 교사도 교실 안에서 이루어지는 모든 과정에 의견을 제시할 수 있다. 그리고 아이들에게 교사의 제안을 거절한 권리도 있음을 인정해 주어야 한다.

처음 숲유치원 교사로 근무하면서 숲교실로 들어가던 날을 잊지 못한다. "선생님, 이제 뭐 해요?" 선생님의 명령어를 기다리던 아이들. 교사가 무엇을 하자고 하면 자신들의 의견을 버리고 선생님 의견으로 우루루 몰려오던 아이들. 3월 초, 그때는 교사가 원하는 대로 아이들을 유도하면서 학급을 운영하기가 수월했던 것 같다.

하지만 내가 가능한 만큼 최대한 주도권을 아이들에게 넘겨주고, 아이들이 놀이의 선택권을 가지고 놀이하도록 많은 상황에서 기회를 주자, 계절이 얼마 흐르지 않아 아이들은 '선생님, 이제 뭐 해요?'에서 '선생님, 이거 해도 돼요?'를 거쳐 자기가 하고 싶은 것이 무엇인지 분명하게 알고, 신명 나게 놀이를 하기 시작했다.

다음은 유아에게 놀이 주도권을 확실하게 넘겨주었을 때 아이들이 진짜 놀이를 하게 된다는 것을 한 번 더 깊이 깨달은 예다.

숲유치원 운영 초기에는 아이들이 숲을 탐색하면서 놀이를 찾아 마음껏 놀이해 보게 하자고 하면서도, 교사가 무엇이라도 가르치지 않으면 불안한 마음은 문득문득 교사 주도의 이전의 내 모습을 불러오곤 했다. 어떤 날은 아주 잘하고 있는 것 같다가도 놀이가 정체되거나 하면 불안해지고, 계절에 맞는 자연놀이 활동을 준비해서 제공해야 마음이 편해지곤 했다.

어느 날 나뭇잎 액자를 만들어 전시하려고, 준비물을 숲속 탁자에 차리고 줄을 걸어 미술 전시장을 꾸몄다. 그리고 나뭇잎 액자 꾸미기를 하고 싶은 어린이는 숲놀이를 하다가 와서 만들 수 있다고 활동을 소개한 적이 있다. 그러나 교사의 예상과 달리 나뭇잎 액자 꾸미기는 전혀 인기가 없었다. 자신들이 숲교실로 새로운 놀이를 찾아서 뛰어가기 바빴다. 옆에서 놀이하는 몇몇 어린이들을 설득해서 나뭇잎 액자를 만들어 걸었다. 나뭇잎 액자를 만든 아이들은 "이제 가서 놀아도 돼요?"라며 멀리 도망가는 듯했다. 시장에서 좌판을 벌이고 애타게 사람을 불러 모아도 외면당하는 상인의 느낌이랄까. 재미있다고 공들여 설득하면, '선생님이 저렇게까지 부탁하니 마지못해 한 번 만들어주는' 느낌이었다. 인근 숲교실을 사용하던 교사와 눈이 마주치며 말하지 않아도 그날 서로 다짐한다. 이제 스스로 놀이를 마음껏 찾아다니는 아이들은 교사가 준비한 활동이나 하고 싶지 않은 놀이 제안은 가차 없이 거절한다. 고로 아이들이 가지고 있는 놀이 주도권을 함부로 건들지 않아야 한다고….

둘째, 아무것도 하지 않고 그저 친구들을 관찰할 시간도 필요하다.

유아들에겐 심심해하고 무엇을 해야 할지 몰라서 당황하고 방황하거나 의미 없이 배회할 시간도 필요하다. 숲유치원 2년 차, 3년 차가 될수록 무엇을 해야 할지 몰라 놀지 못하는 유아는 줄었다. 하지만 학기 초에 새로운 유아들은 숲에서 무엇을 해야 할지 몰라서 놀지 못하는 경우가 있다. 그러면 교사는 또다시 불안해지고, 놀지 못하는 유아를 위해 뭐라도 준비해야 할 것 같고 마음이 복잡해진다.

결론부터 말하면, 무엇을 해야 할지 몰라서 숲을 배회하는 것처럼 보이는 시간도 의미 있고, 아무것도 안 하고 못 노는 불편한 시간도 필요하다는 것이다. 교사는 앉아서 생각할 시간과 장소도 제공하고, 손 붙잡고 다니며 함께 숲을 둘러보면서 관찰할 기회도 주며, 숲에 무엇이 있는지, 다른 친구들은 무슨 놀이를 하는지 천천히 둘러볼 여유를 주는 가운데 아이들은 숲이 익숙해지고 편안한 공간으로 생각되며 그 속에서 자유의지에 따라 하고 싶은 것을 향해 조금씩 숲놀이로 발길을 집어넣는다.

셋째, 유아의 놀이가 먼저 시작되어야 한다.

아이들이 정말 재미있게 노는 놀이의 시작은 가끔은 뜬금없다는 생각이 들 정도로 의외의 포인트에서 시작되는 것을 자주 목격한다. 숲교실의 이곳저곳을 돌아다니며 아이들의 놀이를 들여다보면 참 다양하게 잘 논다는 생각이 든다. 똑같은 흙이지만, 어떤 어린이는 물을 섞고 반죽을 해서 케이크를 만들고, 어떤 어린이는 농도를 묽게 하여 커피를 타고, 어떤 어린이는 공을 만들어 던지기 놀이를 한다. 땅이 질퍽해지면 스케이트를 타고, 잘 미끄러지는 곳에서 썰매를 타려고 한다.

이때 교사는 아이들의 놀이를 유심히 관찰하고, 다양한 방법으로 기록해야 한다. 관찰과 기록을 바탕으로 아이들이 더 재미있게 놀기 위해 필요한 것을 최대한 바로 지원해 주어야 한다. 자칫 놀이의 맥이 끊기면 놀이가 확장되지 못하고 시들어져 사라지기 때문에 유아가 관심을 가지고 놀이하는 것 중에서 그들이 필요하다고 하는 것을 바로 지원해 주어야 한다. 유아가 흥미를 갖고 놀이를 해야 진정한 배움과 의미가 생겨나기 때문에 반드시 유아의 놀이가 먼저여야 한다. 숲에서의 놀이중심교육과정을 운영하는 교사는 평온하고 우아해 보이지만, 물 아래서 다리로 쉼 없이 물질을 하는 물 위의 백조와 같다.

넷째, 아이들의 놀이 속에 적극 참여, 관찰하며 기록해야 한다.

아이들은 숲놀이를 하면서 자신의 경험과 느낌을 거침없이 말하거나 흥에 겨워 리듬을 타며 흥얼거린다. 그야말로 시를 읊는 작은 시인이고, 가수가 된다. 그런 말들을 기억에 저장해두었다가 교무실에서 적으려고 하면 누가 어떤 말을 했는지, 어떤 시도를 했는지 거짓말처럼 기억이 나지 않는다. 그래서 무조건 기록해야 한다. 동영상을 촬영하고, 사진 찍고, 녹음하고, 간단한 말은 적어야 한다. 처음에는 목에 걸 수 있는 작은 메모 수첩을 가지고 다니며 기록했다. 하지만 동영상 촬영이나 사진을 찍으며, 아이들이 요구하는 무언가 무거운 것들을 이리저리 제공하다보니 걸고 다니는 목걸이가 상당히 불편하게 느껴지기 시작했다. 그래서 시작된 휴대폰 메모장이나 '나에게 문자나 카카오톡 보내기' 등을 자주 이용하기도 한다.

단, 여기서 중요한 점은, 기록에 매몰되지 않아야 한다는 것이다. 처음 놀이중심교육과정을 운영하기 시작했을 때 아이들의 놀이와 그 속에 나오는 하나하나의 생각들을 다 기술해야 한다는 생각에 사진이나 동영상 촬영에 집중하던 시기가 있었다. 그런데 교사의 이런 촬영이나 기록 작업이 아이들의 놀이를 방해하고, 아이들이 동영상을 의식해서 놀이를 멈추거나 촬영을 불편해하기 시작했다. 교사는 기록을 위한 방관자나 관찰자, 곧 제3자의 입장에서 놀이를 보게 되고, 적극적인 참여자로 함께 놀기보다는 놀이 바깥에서 기록하는 역할만 하게 될 수도 있다.

놀이중심교육과정에서 교사는 유아의 놀이에 함께 참여하고 함께 놀아야 한다. 놀이의 기록자가 아니라 놀이의 참여자가 되어 놀이 속에서 아이들과 함께 놀면서 그 속에서 나오는 아이들의 다양한 아이디어와 생각들을 실현시켜 가면 아이들은 더 많은 생각을 쏟아내고 더 많은 문제에 적극적으로 도전하면서 놀이를 확장하고 발전시켜 간다. 이렇게 놀이하고 난 뒤 교육과정 시간이 끝나면 행정적인 일을 하는 것이 아니라 그날의 놀이를 기록해야 한다. 시간이 지나면 기억이 사라지기 때문에 교실을 나온 뒤 1~2시간 내에 기록하는 것이 좋다.

다섯째, 유치원은 아이들이 경험하는 첫 번째 사회다.

학급에 있는 18명의 아이들(만 3세 4명, 만 4세 6명, 만 5세 8명)은 노는 모습도 다르고, 관심도 다르고, 하고 싶은 것도 다르다. 핵가족화에 형제자매가 적은 가정에서 자라는 경우도 많고, 유아의 발달 특성상 자기중심성이 강한 시기이기도 한다. 학급의 놀이주간 운영에서 졸업사진을 찍을 때 어떤 옷을 입을지 등 모든 결정은 투표권이 있는 18명의 의원과 교사 2명에 의해 결정된다. 소수 의견이 있는 경우, 아이들은 자신의 의견을 위해 기꺼이 멋지게 설득한다. 설득에 실패하면 어쩔 수 없이 받아들인다.

여섯째, 매의 눈으로 안전한 숲교실을 사수하라

• 숲교실 후보지 찾기

처음 만난 괴화산은 길도 나지 않은 야생의 산이었다. 입학 후, 아이들과 새로 난 길을 따라 우리가 일 년 동안 놀이할 숲속 교실을 찾아 숲 탐험을 떠났다. 아이들과 찾아다닌 숲교실의 조건은 되도록 밤송이가 많지 않을 것, 유치원에서 너무 멀지 않을 것, 평지와 언덕이 같이 있을 것, 물이 있을 것, 햇빛과 그늘이 있을 것 등이었다. 그렇게 며칠 동안 아이들과 숲 탐험을 다니며, 숲교실 후보지를 찾고, 놀이할 숲교실을 정하고, 숲교실 이름을 정했다. 너무 위험하거나 문제가 있는 것이 아니라면 아이들이 해보고 싶다는 것을 최대한 이뤄줄 수 있도록 했다.

자신들이 선택한 숲에서 아이들은 애정과 자부심을 느끼며 놀이했다. 우리는 이것을 '숲부심'이라고 불렀다. 하지만 불행히도 주변에 건설된 아파트 단지들에 입주민이 하나둘 들어오기 시작하면서 소음이나 아이들의 교육활동 결과물들(나뭇가지로 지은 집 등)에 대한 민원이 끊임없이 들어왔다. 교사는 아이들에게 조용히 하라고 제어하기 시작했고, 교사 혼자 고민하다 어린이 다모임에 안건을 올려 아이들의 의견을 모으기 시작했다. 결국 졸업을 두 달 남긴 시점에서 숲교실을 다시 찾아야 했다.("숲에서는 맘껏 이야기하고 친구 이름도 크게 부르기도 하며 놀고 싶어요.") 많은 우여곡절이 있었지만, 지금은 숲교실 위치도 안정되고 아이들이 놀았던 결과물들도 일시적이나마 설치할 수 있게 되었다.

• 숲은 매력적이지만 위험할 수 있다

숲유치원 하면 초록의 싱그러움, 파란 하늘에 떠가는 흰 구름, 귀여운 다람쥐, 자연의 낭만을 많이들 떠올린다. 나도 자연의 아름다움을 생각하면서 숲유치원에 대한 환상을 가지고 유치원에 왔다. 맞다. 숲은 참으로 아름다운 곳이며 매력적이지만, 위험이 공존하는 곳이다. 넓고 확 트인 자연공간에서 교사들은 아이들이 길을 잃지 않도록 해야 하고, 낯선 사람의 돌발 행위(흉기 난동, 미아나 유괴, 테러 등)에 대한 스트레스를 피할 수 없었다. 사계절이 바뀌는 철철이 걱정이 끊이지 않았다. 숲길 이동이나 숲교실 놀이 시 뱀을 마주해야 했고, 뱀이 있는 곳으로 걸어가는 아이들의 천진난만한 걸음에 가슴을 쓸어내려야 했다. 숲에서 내려와서 아이 몸에 진드기 한 마리라도 기어 다니면 잡아서 바이러스가 있는 진드기인지 보건소에 의뢰하고, 결과가 나오기 전까지 간호사를 포함한 전 교직원이 가슴 졸여야 했다.

괴화산에는 자리공 같은 독초도 흐드러져 있다. 장수말벌은 가을을 두렵게 한다. 겨울엔 멧돼지를 만나면 어떻게 저 아이들을 보호할까? 숲에 불이 나면 저 아이들을 어떻게 대피시키지? 산모기의 습격으로부터 아이들의 고운 피부를 어떻게 지켜낼까? 그뿐인가? 숲은 한 치도 장담할 수 있는 곳이 아니다. 태풍이 지나가면 커다란 나무가 뽑히기도 하고, 지형지물이 달라진다. 주말 지나고 오면 자라난 가시덩쿨, 수시로 바뀌는 거미줄, 정체 모를 땅구멍 등, 3년 차 숲유치원 교사인 지금 돌아보면 어떻게 살아냈는지 꿈만 같다. 몰랐으니까 살아냈지 다시 돌아가서 생활하라면 포기했을 것이다.

처음엔 학부모님들도 안전에 대한 걱정이 많았고, '괴화산 숲의 뱀을 모두 잡아서 아이들이 뱀을 못 만나게 하라'는 식의 실현 불가능한 민원도 유치원에 많이 제기하셨다. 참고할 만한 숲 화재대피훈련 매뉴얼이 없었고, 멧

돼지를 만났을 때 어떻게 하라는 식의 교육자료가 간간이 있긴 했지만, 이곳 저곳 정보가 달라 실효성도 의문스러웠다. '공립 최초 숲유치원'이라는 말에 '참고할 수 있는 자료가 아무것도 없으니, 다 만들어야 한다'는 의미가 숨어 있는 것 같았다. 1년 차 때는 모든 것이 무서워서 일 년 내내 스트레스를 가득 안고 지냈다면, 지금은 계절별로 조심해야 할 것들에만 집중하면 되니 무서움의 무게가 한층 가벼워졌다.

이젠 숲에서 발생할 수 있는 위험 요소별 안전 매뉴얼을 갖추고 아이들에게 각별히 더 안전교육에 신경 쓰며 숲의 매력을 누리고 있는 것 같다.

숲유치원 교사들의 목소리

교사 1(오전 부담임교사)

일반 유치원에서 다년간 근무했으며, 숲유치원 2년 차 교사입니다. 숲과 자연이라는 커다란 의미만 생각하며 시작했던 솔빛숲유치원. 이곳에서의 2년은 오랫동안 한 호흡으로 숨 쉬어온 유아교육의 고정화된 습관과 생각들을 아주 많이 변화시킨 시간들이었습니다.

아이들과의 하루가 교사의 방향과 목적의 합을 위해 시나리오를 작성하고 수업을 채워나갔던 반면, 숲에서의 하루는 교사의 목소리와 계획을 줄여야 했답니다. 숲에서는 요구된 것이 정형화된 교실에서 이루어지는 수업에서와는 차이들이 있기 때문이지요.

아이들의 눈높이를 따라가다 보면, 그들의 눈에 맺힌 자연을 함께 관찰하고 상상해야 하며, 교실로 돌아와선 관찰 과정을 심화해야 하기 때문에, 교사의 섣부른 생각과 계획이 아이들의 호기심을 망치는 일은 결코 벌어져선 안 된다고 생각합니다.

즐거운 호기심의 하루를 위해 우리 선생님들은 건강한 체력이 우선되어야겠지요.

숲과 자연은, 우리 모두에게 몸과 마음의 힘을 주기에 오늘도 건강을 준비하는 시간들로 보내고 있답니다.

함께하는 동료 교사분들과 우리들의 아이들이 있어서 반짝반짝 빛나는 솔빛숲유치원입니다.

교사 2(담임교사)

그동안 공개수업을 참 잘한다고 칭찬받는 교사였습니다. 어쩜 그렇게 주의집중을 잘 시키고, 수업 설계를 재미있게 하며, 아이들과 상호작용도 적절하고, 수업 목표도 깔끔하게 도달하느냐는 등의 칭찬을 받을 때, 사실인지 그냥 칭찬을 위한 칭찬인지는 모르겠지만, 기분이 좋았고 스스로 유능한 교사라고 생각했습니다. 적어도 숲유치원에 오기 전까지는 그랬어요.

하지만, 지금 생각해 보면 아이들이 빠진 교사만의 잔치를 잘 계획해서 성황리에 치러낸 교사였습니다. 특히 공개수업에서 아이들은 긴장해야 했던 시간이었을 것입니다. 숲유치원에서 꼭 필요한 것이나 안전 관련된 것 외에는 최대한 주도권을 아이들에게 넘기고, 유아 주도의 놀이를 지원하는 가운데, 아이들의 진짜 신명 나는 웃음과 표정을 보았습니다. 아이들이 신 나게 놀 때 교사의 스트레스까지 풀리는 것을 경험했습니다. 졸업생 학부모님께서 언젠가 저에게 들려준 말이 생각나서 몇 자 적어봅니다.

그 어머니는 출근해야 했고, 유치원에 안 간다는 아이를 말 그대로 유치원에 구겨 넣고 가는 날이 반복되었습니다. 아이를 유치원에 구겨 넣고 우는 모습을 보며 출근하는 것이 스트레스였던 어머니는 휴직했고, 아이가 숲유치원도 안 다닌다고 할까 봐 학기 초에는 걱정이 많았습니다. 그 아이가 유치원에 가는 것을 좋아하고, 자기가 해야 할 일을 찾아서 야무지게 해내는 모습에 감동하며, 조심스럽게 복직을 결정했답니다. 아이가 초등학교에 가서 이렇게 잘 적응할 수 있었던 힘은 놀이중심 숲유치원 교육과정에서 키운 내면의 힘 덕분이라고 전해주셨습니다.

아이들의 행복한 표정, 자신 있는 자기주도의 생활을 보며, 정말 힘들었지만 교사의 역할이 무엇인지, 진정한 배움이 어떻게 일어나는지, 유치원에서 진정한 주인이 누구인지에 대한 의식을 전환하게 된 훌륭한 계기였다고 생각합니다. 그래서 힘들지만, 숲유치원 교사인 것이 자랑스럽습니다.

초등1학년 교사가 바라본 숲유치원 졸업생들

초등교사 1(2021학년도 입학, 1학년)

학교에 숲유치원 출신 어린이가 우리 반을 포함해서 몇 명 있어요. 물론 숲유치원 출신이기에 보이는 특성이라기보다는 개인의 성향과 기질 때문일 수도 있지만, 적어도 몇 가지 점에서 공통점이 있다는 이야기를 동료 교사들과 나눈 적이 있습니다. 저희 반 숲유치원 출신 어린이는 세 명인데, 한 어린이는 처음 초등 교실에 들어왔을 때 충격적이었다고 합니다. 책상이 가득하고, 코로나로 가림막이 설치된 교실 환경에 많이 놀랐다고 하더라고요. 입학 초 3~4월까지는 적응 기간이 필요한 듯했습니다. 하지만, 점점 학교생활에 잘 적응해 갔고, 2학기 때는 완벽하게 적응했다고 생각합니다. 약간 산만해 보일 수 있었던 태도들이 안정적인 모습을 보였고, 몸 쓰는 놀이나 활동을 잘했으며, 학습수준도 양호하고, 대체로 똑똑합니다. 소근육을 활용한 만들기나 그리기를 어려워하는 친구가 있는데, 이건 개인 성향 같습니다.

숲유치원 출신 어린이의 특징을 한마디로 요약하면 눈에 띄며, 남달리 생기발랄하고 개성이 있다는 점입니다.

초등교사 2(2021학년도 입학, 1학년)

숲유치원 출신 어린이들의 특징에 대해 담임교사들과 이야기를 나눠본 결과, 질문이 많고 이것저것 해보자는 제안이 많다는 것이었습니다. 재미있는 아이디어가 학급을 생기있게 만들기도 하지만, 한편으로는 다소 말이 많아서 어려울 때도 있다고 합니다.

솔빛숲유치원 졸업생의 학교생활(솔빛초등학교 교사 정연지)

초등교사 3(2020학년도 입학, 2학년)

솔빛초등학교는 특색교육활동으로 계절별로 텃밭을 가꾸고 수확하며, 계절별 프로젝트를 통한 숲 교육 및 숲 산책을 하고 있다. 2학년 학생들은 코로나 시기에 입학하여 1학년 때는 학교 주변 환경을 많이 체험하지 못하고 2학년 생활을 하게 되었다. 2학년이 되어 전학 온 학생들도 있었는데, 숲 교육과정에 대한 경험이 전혀 없는 학생들도 있었다.

아이들을 만난 지 얼마 지나지 않은 봄 프로젝트 때였다. '"숲에 가서 뭐해요?"라는 말을 하면 어쩌지?'라며 걱정하고 있었는데 생각보다 아이들은 숲에 오르거나 숲에서 활동하는 데 지루해하지 않았다. 알아서 나뭇잎을 뜯어서 이마에 붙이며 놀고, 거미나 개미집을 찾아내서는 서로 불러 관찰했다. 나뭇가지와 풀로 상징 놀이를 하는 모습을 보고 '정말 감성적이구나' 하는 생각이 들었다. 다들 정말 신나게 놀았는데, 문득 숲유치원 졸업생 출신 아이들이 궁금했다. 한 학급에 5명 정도인데 마침 졸업생들의 사진을 볼 기회가 있어 파일을 보니 2학년 아이들이 있었다. 그 아이들의 숲 체험이 다른 학생들에게도 긍정적인 영향을 주었을 것이다. 생활 태도나 수업 태도 및 참여도에서도 긍정적으로 수용하고 집중하는 편이며, 특히 요즘 시대에 필요한 의사소통 및 협업 능력이 좋았다. 숲에서 활동하고 교실을 만들던 경험이 자연스럽게 친구들과 상의하고 관찰하고 발견하는 데 도움이 되었을 것 같다.

2021학년도 입학, 1학년

올해 솔빛초등학교에서 초등학교 생활을 시작한 현재 1학년 아이들 중 솔빛숲유치원을 졸업하거나 다닌 적이 있는 아이들은 20~30% 정도 된다. 1학년 아이들은 학기 초에 처음 만나 한 달 정도 입학 초기 적응활동을 하는데, 조작 활동과 기초적인 한글과 수 감각, 그리고 학교생활의 기초적인 부분들을 다루는 것으로 시작한다. 깊은 이해가 필요한 학습이 아닌 경청능력과 새로운 것에 대한 동기, 구체적인 조작능력을 길러주며, 학교생활에 잘 적응하는 것을 목표로 한다. 이 시기에 솔빛숲유치원을 경험한 아이들은 새로운 것을 쉽게 받아들이는 모습이 보였다.

1학년은 통합교과가 계절별 흐름으로 되어 있어 1학기에 봄·여름 주간과 2학기 가을 주간을 운영했고 겨울 주간을 계획 중이다. 매주 수요일 1교시에는 창체를 활용하여 학교 뒷산(괴화산)에 올라갔다 내려오는 숲산책을 한다. 1학기 숲산책 초기에 숲유치원을 경험했던 친구들은 숲을 익숙하게 여기고 곤충이나 작은 생명 또한 거리낌 없이 대하는 편이다. 걸어서 왕복 30~40분 정도의 거리도 지치는 모습 없이 수월하게 다녀오곤 했다. 아침 활동 때 종종 하는 맨발걷기 또한 거부감 없이 도전해보고 맨발로 모래를 느끼는 모습을 발견할 수 있었다.

전반적으로 현재 1학년 아이들 중 숲유치원을 경험한 친구들은 새로운 것에 도전하려는 의욕이 많고, 수업 시간 중 활동 속도는 모두 다르지만 구체적인 조작 활동이나 관찰 활동에 집중력을 보이는 편이다.

전문적학습공동체 이야기

이현주·한정희

함께 나누고 토론하고
함께 성장하는 전문적학습공동체,
전문적학습공동체를 통해 공립 최초 숲유치원이 지난 책무성 실현하기

우리에게는 전학공이 절실했다

2019년 3월 1일 개원한 솔빛숲유치원은 자연의 순리에 따라 스스로 찾아낸 배움을 통해 유아들의 삶과 앎이 연결되는 교육을 목적으로 세종시교육청에서 전국 최초로 설립한 공립 숲유치원이다. 숲을 좋아하고 놀이를 좋아하고 아이들을 좋아해서 숲유치원 개원 TF팀으로 지원한 열정에 찬 8명의 교사들은 사막에 던져진 아이들과 같았다. 2019 개정 누리과정의 마중물이 된 아이다움교육과정을 통해 놀이중심교육과정을 먼저 경험하긴 했지만 아직 낯설고 자신이 없었고, 숲유치원교육과정은 교사들이 준비하는 활동으로 이루어진 숲놀이를 경험한 것 정도밖에 없었다. 겨울방학까지 반납하고 1~2월을 개원 준비와 숲교육과정과 아이다움교육과정에 대해 토론하고 기존 숲유치원을 찾아다니며 배우고, 괴화산 자락을 샅샅이 뒤져서 아이들과 함께할 장소를 찾아다니던 우리에게 3월 입학식은 금방 다가왔고, 부족한 경험이지만 열정만은 가득했던 우리는 그렇게 아이들을 맞이했다. 정신없이 바쁜 가운데 오전-오후 숲놀이에 아이들 놀이 기록까지 하며 하루하루를 살아가다 보니 시간이 턱없이 부족해서, 또 에너지가 소진되어서 매주 수요일로 정해진 전문적학습공동체(이하 전학공) 시간은 제대로 운영될 수 없었다.

전학공은 시간만 주어진다고 해서 되는 것이 아니다

개원하면서 모두들 너무 정신없이 그렇게 한두 달을 보내고 우리 스스로 교육과정에 대해, 숲에 대해 이야기하고 나눌 시간이 절실히 필요하다는 것에 공감하고 전학공 시간을 제대로 확보하여 운영하기 시작했다. 그러나 전학공은 교무회의와 유치원 운영에 대한 회의로 시간을 보내기가 일쑤였다. 긴급이라는 이유로, 전 교사가 모일 시간이 없어서 잠깐 공지한다는 핑계로, 그리고 무엇보다 교사들에게 전학공에 대한 명확한 개념이 정립되어 있지 않아서였다. 또한 숲놀이에 자신감이 없고 배움에 목말라 하던 우리는 배우고자 하는 열정으로 무리하게 연수일정을 잡았다. 오전-오후 숲놀이 후에는 전학공 시간 포함 일주일에 한두 가지 연수프로그램이 돌아가기 시작했고, 그렇게 무리하게 에너지를 소비한 우리에게 숲교육 강의를 오신 강사 선생님이 '선생님들에게는 연수가 아니라 쉼이 필요한 것 같고, 너무 무리하고 있는 게 확연히 드러난다'고 걱정할 정도였다.

전학공 시간이 확보되었지만 실제 시간은 유치원 운영에 관한 회의로 변질되었고, 명확한 의사결정 체제 없이 형식적인 회의에서 나눈 이야기들은 시시때때로 번복되며 우리를 혼란스럽게 했다. 회의와 무리한 연수로 에너지를 소비해 버린 우린 개원 첫해, 1년의 전학공 시간을 그렇게 허비하고 말았다.

숲유치원의 철학과 비전을 실현하기 위한 전학공

그렇게 1년을 보내고 교육과정 평가회를 통해 구성원들이 만들어 낸 결론은 전학공이 이렇게 운영되면 안 된다는 것, 회의 시간이 따로 확보되어야 한다는 것, 전학공 시간을 통해 다른 숲유치원의 사례나 숲 관련 연수를 들을 게 아니라, 우리가 경험하고 있는 우리 숲, 그곳에서 만들어가는 아이들의 놀이에 대해 함께 이야기 나누며 우리만의 숲유치원 교육과정을 만들어 보자는 것이었다.

2020년 솔빛숲유치원이 혁신유치원으로 지정되면서 우리는 신규혁신학교 연수를 통해 우리의 1년을 돌아보고, 다른 혁신유치원의 사례를 배웠다. 민주적인 의사결정체제와 운영 방법 및 회의규칙, 전학공의 방향과 지켜야 할 약속 등도 함께 만들어갈 수 있었다. 그러나 학기 초에는 사상 초유의 코로나19 사태로 원격수업과 놀이꾸러미, 유치원 방역 등 눈앞에 산재한 현안을 풀어가는 데 전학공 시간이 필요했고 잠시 전학공은 표류하는 듯했다. 새해의 다짐과 전년도의 반성을 토대로 설정된 전학공의 방향성은 시간이 흐르면서 차츰 제자리를 찾아, 긴급돌봄과 전체등원을 반복하던 일상에서의 숲놀이를 나누는 전학공을 운영할 수 있었다. 그 속에서 학급별로 만든 8개 숲교실에서 엮어가는 아이들의 숲놀이는 비슷한 놀이 같아 보여도 각 학급 아이들의 특성에 따라, 경험하는 숲의 특성에 따라 너무도 다른 이야기를 만들어내고 있음을 알 수 있었다.

이렇게 숲에서 이루어진 놀이를 나누고, 사례를 중심으로 각각의 상황에서 교사들은 어떤 지원을 할 것인지 토론하기도 했다. 또한 저마다 다양한 빛깔을 내는 아이들 속에서 교사 중심의 기존 교육과정 운영 방식을 답습하는 것은 없는지, 우리가 함께 세운 숲유치원 교육철학과 비전은 과연 숲에서 실현되고 있는지 돌아보게 되었다.

이런 전학공의 과정을 통해 획일화된 교육과정과 연령별 학급구성에서 생겨난 '다른 학급에 대한 비교와 경쟁'을 조금씩 내려놓을 수 있었고, 서로 다름을 인정하게 되었다. 각 학급에서 운영되는 교육과정이 다른 것이 교사의 능력치의 차이나 열정의 차이가 아니라 아이들이 주어진 환경과 상호작용하며 만들어가는 경험의 차이, 생각의 차이에서 나타나는 것임을 알게 되었으며, 다를 수밖에 없고 달라야 함을 인정하게 되었다.

우리에게 주어진 책무성을 실현하기 위한 전학공

2021년 숲유치원 개원 3년 차가 되자, 우리는 전국 최초 공립 숲유치원이라는 타이틀이 주는 무게와 기대치, 지역에서의 역할과 책임감에 대해 고민하기 시작했다. 아무도 우리에게 강요하지 않았지만, 공립 숲유치원이 지닌 책무성을 우리 스스로 실감하고 있었던 것이다. '우리가 지역 유치원 선생님들에게 나눌 수 있는 숲유치원의 가치와 역할은 무엇인가?', '2년간 숲유치원 운영을 통해 어떤 성장을 이루었고 이것을 지역 유치원 선생님들에게 어떻게 나눌 것인가?'에 대한 고민이었다. 그 결론은 '아이들'이었다. 숲이라는 자연을 경험하며 성장하는 아이들, 숲에서 풀어가는 아이들의 신나는 놀이, 정형화되지 않고 열린 환경 속에서 나타나는 아이들의 주도성과 재잘대는 이야기들… 우리의 강점은 바로 아이들이었다.

'그럼 숲에서 경험하는 아이들이 나눌 수 있는 방법은 무엇일까?'라는 질문에서 수업나눔이 필요하다는 결론에 이르렀다. 하지만 누구도 선뜻 해보자는 이야기를 꺼내지 않았다. 우리는 경험을 통해 '수업나눔'이 평가의 잣대로 이어져 '부족함을 꼬집어내고 서열화함'을 알고 있었기 때문이다. 교사의 계획이 아닌 아이들이 만들어가는 발현적 교육과정을 '수업나눔'으로 어떻게 실현해 낼 것이냐는 우려의 목소리도 있었다. 그래서 전학공 안에서 반별 수업나눔을 해보고, 2년간 경험한 아이들의 놀이를 보다 깊이있게 들여다보기 위해 이론 공부를 병행하기로 했다. 『레지오 에밀리아와의 대화』를 읽고 토론하는 것을 목표로 2021년의 전학공은 시작되었다.

연간 운영 계획

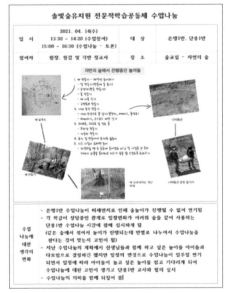

수업나눔 수업안

　수업나눔의 형태는 놀이참여로, 숲에서 아이들의 놀이에 적극 참여할
것을 당부하고, 아이들에게 선생님들의 놀이참여를 미리 공개하고 무엇을 지
원하면 좋을지 아이들의 의견을 들어보기로 했다. 수업을 공개하는 교사는
전날까지의 놀이 진행사항과 아이들이 요구하는 놀이지원 사항을 안내하는

선에서 수업나눔 계획안을 작성하기로 했다.

수업나눔을 하고 보니 그동안 우려했던 점들이 무색하게 참여 선생님들은 아이들에게 집중하게 되었고, 저마다의 생각으로 비판적인 잣대를 들이대거나, 조언이라는 이름 하에 강요되는 충고는 나타나지 않았다. 그동안 가보지 못했던 8학급의 숲교실이 주는 환경적인 차이와 그 속에서 만들어가는 아이들의 놀이와 성장에 집중하고, 아이들과 상호작용하며 느꼈던 점들을 함께 나누며 우리 스스로 성장함을 느끼게 되었다.

전학공을 통한 성장

수업나눔뿐만 아니라 『레지오 에밀리아와의 대화』를 읽고 토론하기는 시작 전부터 많은 걱정과 불편을 겪게 했다. 누군가가 '내 인생에서 공부는 임용고시로 끝날 줄 알았는데 현장에 와서도 이렇게 공부를 해야 하는 것인지 그때는 몰랐다'라는 농담 섞인 푸념을 했다. 책을 받아들고 잠시 살펴본 내용이 경악스럽게 어렵다고들 했다. 바쁜 중에 도대체 이걸 언제 어떻게 읽고 발제하며 토론할 문제거리까지 만들어 오느냐는 걱정을 했다. 여기저기서 터지는 볼멘소리를 살살 달래가며 시작한 독서토론은 '짜증 날 정도로 어렵지만, 우리에게 꼭 필요한 내용이라 힘들어도 읽을 수밖에 없어서' 화가 난다는 의견이 대다수였다. 하지만 '함께 토론하면서 아이들을 다시 생각하고 바라보게 되었다'는, 힘 나는 이야기도 있었다. 그렇게 전 교사가 파트를 조금씩 나누어 발제하며 진행 중이다.

전학공에서의 수업나눔과 독서토론은 원장 원감 선생님도 함께했다. 이분들은 교사를 평가하는 시선이 아니라 함께 참여하는 동료의 시선으로 바라보고 참여하며 교사들의 우려와 불편함, 걱정을 날려주셨다.

전학공을 통해 만들어 낸 세종시 관내 수업나눔

그렇게 용기를 얻은 우리는 숲유치원 교육과정 운영에 대한 세종시 관내 선생님들의 궁금증과 의문을 해소하기 위해 수업나눔을 하게 되었다. 방역에 대한 우려로 2일 동안 각 학급 5명씩 1일 40명의 교사 참여를 목표로 했다. 아직 코로나19가 끝나지 않은 상황인지라 백신 2차 접종자에 한해서 교육과정 수업나눔 참여신청을 받았고, 실내가 아닌 각 숲교실로 바로 이동하는 것으로 밀집도를 최소화하며 수업나눔을 진행했다. 오전 교육과정 시간에 실시하므로 오전 오후 수업을 교체하고 참여해야 하여 신청자가 적을 거라는 예상과 달리 총 132명의 선생님이 신청해 주셨다. 선생님들의 적극적인 관심에 놀라기도 했지만, 신청서에 기록한 우리 유치원에 대한 질문들을 보면 '숲에서 풀어가는 아이들의 놀이'와 '혼합연령에 대한 궁금증' 등 선생님들의 관심 또한 아이들에게서 벗어나지 않음을 알 수 있었다.

한 학급에 7~8명의 선생님이 2일로 나뉘어 수업나눔에 참여하고, 올해 생긴 특수학급의 숲에서 풀어가는 통합교육과정을 궁금해하시는 특수선생님들까지 총 113명의 선생님이 참여했다. 아이들과 함께 숲으로 올라가서 2

시간의 놀이를 경험하고 30분 정도 주어진 질의 응답시간 중에 대부분 선생님은 아이들에 대한 놀라움과 감탄을 전해주었다.

소감 및 질의 응답시간에 나눈 이야기를 살펴보자.

- 선생님의 잔소리가 전혀 없는 것이 인상 깊었으며, 위험할 줄 알았는데 교실보다 안정적으로 놀이가 이루어지는 것이 신기하다.
- 교사가 힘들었겠다. 계속 움직여야 하던데 체력이 되는지? 아이들이 전혀 예민하지 않다. 나오기 힘든 계절에는 어떻게 하나?
- 아이들에게 혼합연령에 대해 질문했는데 '내가 잘 못하는 것은 언니, 오빠들이 도와주고 가르쳐 주는 게 좋다.'라며 서로 도움을 주고받는 것이 당연하고 꼭 언니, 오빠라서가 아니라 놀이 속에서 서로 배려하고 양보함을 이야기했다.
- 놀이가 오랫동안 지속되는 게 신기하다. 숲에서 누가 역할을 짜놓은 것마냥 각자 장소로 놀이를 찾아가는 것, 선생님께 도움을 청하기보다 아이들끼리 서로 도우며 해결하는 것, 나도 못 해봤던 나무타기를 아무렇지도 않게 하는 모습 등이 신기했다. 혼합연령이라고 하는데 5세 아이가 전혀 티가 나지 않았다.
- 지정된 숲교실이 있어서 놀이가 지속되는 것이 부럽다.(숲교육과정을 운영하고 있지만, 정해진 숲교실을 마련하기 어려워 힘든 유치원)
- 아이들이 숲을 뛰어다닐 거라고 생각했는데 저마다 놀이에 몰입해서 노는 것이 신기하다.
- 숲에 나와서 '안 돼', '하지 마', 라는 말을 안 하는 게 신기하다.

우리는 일상 속에서 조금 둔감해졌을 수도 있지만, 아이들의 놀이를 처음 접한 선생님들은 '겉도는 아이 없이 저마다 놀이에 몰입하는 아이들의 주도성과 적극성, 아이들 간에 다툼이나 짜증이 없고 너무나 밝고 즐겁게 놀이하고 있음'에 감탄했고, 수업나눔 시간 동안 아이들의 놀이에 적극적으로 참여하고 이야기를 나눠본 선생님은 처음 만난 선생님을 놀이의 참여자로 쉽게 인정하고 서로에 대해 궁금한 점과 생각을 나누며 놀이 속에서 배려하는 마음이 일상화되어 있음에 감탄했다.

아래 내용은 수업나눔 시간에 아이들과 함께 대화하고 놀이에 적극적으로 참여하면서 아이들의 생각과 배려에 감탄하며 놀이이야기를 적어서 보내준 것이다.

최윤주, 권태겸, 신지윤 등(식당놀이 하던 어린이들)

유아 감자칼 쓸 때는 이렇게 해야 안 다쳐.
유아 선생님이 알려주셨어요. 이렇게 이렇게.
(손이 있는 쪽에서 바깥 방향으로)
유아 나무껍질도 감자칼로 할 수 있어요.
(중략)

교사 여기는 어디죠?
유아 ~~~ 식당
교사 사장님은 어디 계세요?
유아 내가요. 내가 사장이에요. (사장이 요리를 하라고 시키면 요리사들
    이 한다고 하다가 옆에 있는 여자아이들이 자신의 이야기를 따라주지
    않자 자신이 요리도 한다고 함.)

유아 여기서 맛있는 거 계속 먹을 수 있어요.
교사 여기 제일 맛있는 음식이 뭐죠? 제일 인기 있는 걸로 주세요.
유아 여기는 햄버거랑 콜라랑 감자튀김이 제일 인기 있어요.
교사 그래요? 그럼 그걸로 주세요. 얼마죠?
유아 천 원만 내세요.

교사 (나뭇가지와 돌멩이로 천 원을 만든 후) 여기요. 가격이 싸네요. 많이 사 먹어야겠어요.

유아 한번 천 원 내면 계속 먹을 수 있어요.

교사 와, 진짜요? 그럼 돈 많이 못 벌어서 어떡해요. 돈은 벌어야죠.

유아 괜찮아요. 나 부자라서 돈 많아요.

유아 저금 많이 해서 돈 많아요.

교사 부럽다. 나는 좀 가난한데. 벌어도 벌어도 돈이 없어요. 어휴. 이 가게는 싸니까 배고플 때 자주 와야겠어요.

유아 햄버거 좀 만들어요.

유아 나는 얼음 만들어야 해.

유아 (당황)

교사 아~ 햄버거 세트에 들어갈 콜라에 넣을 얼음이구나.

유아 콜라에 넣을 얼음 준비해요. 내가 햄버거 할게.

유아 얼음이 안 굳어요.

교사 저는 부드러운 얼음도 좋아요~

(중략)

어린이들 이제 직원 해요. 선생님.

교사 아, 손님은 할 수 있다더니 이제 직원 해도 됩니까? 와! 손님에서 직원으로 승진했다!! 저 뭐 할까요? 사장님들?

유아 예쁜 잎 좀 주워 와요.

교사 어떤 걸로요? 잎을 따요? 주워요?

유아 주워 와요. 예쁜 색으로

교사 (나뭇잎을 주워 온다.)

유아 여섯 장만 더 주워 와요.

교사 나뭇잎 줍다 보니까 버섯이 많던데, 나 버섯 따와도 될까요?

여자아이들 아무거나 만지지 마요. 독 있을 수도 있어요.

(독버섯에 대한 설명을 해주다가)

유아 (장갑을 벗어주며) 버섯은 맨손으로 만지면 독이 있을 수도 있으니 까 이거 끼고 가요.

교사 대박! 나를 생각해주는 너의 마음은… 달콤하구나… 고맙습니다. 다녀올게요.

버섯을 보러 가는 교사를 따라 아이들이 모두 몰려와 주변의 버섯들의 모양을 비교하고, 색이 화려한 버섯도 흰색 버섯도 독이 있을 수 있으니 버섯은 조심해야 한다는 이야기를 해 준다.

(중략)

유아 인절미를 만들어야 해. 인절미를.

교사 아, 떡을 만들어요?

유아 송편도 좀 만들고.

교사 어떻게 만들지?

유아 흙으로 반죽을 해요.

교사 아, 그럼 물이 필요한데. 태겸이 사장님, 나 물 좀 가져다줄 수 있어 요? 내가 흙은 구할 수 있는데 물은 어디 있는지 몰라요.

(중략)

태겸이가 "떡을 만들려면 흙이 좋아야 하는데 체로 걸러서 돌멩이를 빼 내야 한다."며 교사가 모은 흙에 물을 부어준다. 물을 너무 많이 부어서 뭉쳐지지 않는다고 하자

유아 스프네. 스프. 떡 아니고 스프로 하세요.

교사 그럼 스프는 따뜻하게 먹어야 제맛이니까 불이 필요한걸?

유아 그건 내가 해 줄게요. 스프 끓을 동안 기다리세요.

교사 그럼 저 스프 끓을 동안 주변 구경 좀 하고 와도 됩니까?

(중략)

유아 스프 끓어요. 스프. 빨리 와요.

교사 아, 여기 너무 좋은데. 다른 곳도 구경하고 싶다.

유아 내가 알려줄게요. 1층부터 갈래요? 2층 갈래요? 3층 갈래요?

교사 오~ 태겸 님이 숲 가이드네요. 가이드님, 가장 재미있는 곳부터 데려다 주세요.

유아 네. 따라오세요. 재미있는 거 보여줄게요.

자신이 좋아하는 공간을 소개하며 왜 좋아하는지 설명도 해주고 자신이 하는 것을 보여주기도 한다.

교사 이렇게 밧줄로 만들어진 곳은 선생님들이 고생하셨겠다.

유아 선생님들이랑 함께 만드는 거예요.

가파른 곳을 지나가야 하는데 교사가 조금 무서워하며

교사 나 손 좀 잡아줘. 무서워서 못 지나가겠어.

유아 (손을 보더니 장갑이 있음을 알고 장갑 한 짝을 벗긴 후 손을 내민다.)

교사 어머나, 손 잡아주려고 장갑 벗은 거야? 너희 왜 이렇게 달콤하니!

그네 있는 공간을 소개해 준다. 그네를 탄 후

교사 어우, 속이 울렁거린다. 그네 무서워서, 멀미하는 것같이 속이 울렁거려. 웩!

유아 (교사의 등을 두드려 준다.)

교사 응? 나 속 울렁거린다는 이야기 듣고 두드려 주는 거야?

유아 네. (계속 두드려줌)

교사 와, 덕분에 속이 좋아진다. 고마워.

(이후 산책하다가)

유아 선생님, 이 잎 진짜 크죠? 하트 같기도 하고.

유아 (하트 모양 잎만 고르며) 하트 하나, 하트 두 개. (여러 장을 집은 후
　　　 교사에게 준다.)

교사 나 사랑하는 거야? 하트로 고백하는 거야? 사랑 고백???? 설렌다!

유아 고백은 아니고요. 그냥 주는 거.

교사 너무 단호하네. 사랑한다고 해주면 안 되나?

유아 이거 돈이에요. 선생님 가난하다고 했잖아요. 자. 돈이요.

교사 와~ 내 말 기억하고 있었던 거야? 태겸이 덕분에 부자 되겠다~~
　　　 기쁘다. 그래도 난 사랑 고백이 더 좋아.

유아 그건 아니고요.

(윤주와 태겸이가 은신처 같은 공간에 데려가서)

한 어린이가 나에게 '직장이 어디냐?', '왜 왔냐'는 질문을 했다. 나는 소
담유치원 선생님이고 우리 반은 6세 친구들 20명이 있다. 선생님들이
솔빛숲유치원 어린이들은 행복하게 지낸다고 해서 궁금해서 와봤다. 솔
빛숲 친구들 이야기를 많이 들어보고 소담유치원 어린이들이 행복하게
지낼 수 있는 방법을 알아보려고 한다. 많이 알려주라… 이런 대화를
나눴다.

유아 여기 오면 기분이 좋아요. 여기 나뭇잎은 진짜 크죠? 근데 선생님
　　　 반 애들은 어떻게 하고 왔어요?

교사 다른 선생님께 부탁드리고 왔어. 아이들에게도 안전하게 지내 달라
　　　 고 했고. 점심 먹고 아이들 만나러 가야 해.

(중략)

유아 우리 솔빛숲유치원 노래 들어볼래요?(태겸이와 함께 원가를 불러줌.)

(중략)

유아 소담유치원 노래는 어때요? 불러줄 수 있어요?

교사 아! 갑자기 까먹었다. 잠깐만! ○○○ 선생님~ 우리 원가 뭐지? 처음에?

교사 2 햇살이~ ~~어쩌구 저쩌구.

교사 아, 참! 소담유치원 노래는 ○○○ 선생님이 아름다운 가사를 만들려고 노력했어. 선생님들이 만들었어.

유아 우리는 원래부터 있었어요.

교사가 소담유치원 노래를 불러주자 박수를 보냈다.
주변에 일곱 살쯤 되는 남자친구들이 모여서 소담유치원에 대해 궁금한 점을 질문하기 시작.

유아 우리는 5세도 있고 6세도 있고 7세도 있는데 거기는 6세만 있어요?

교사 같은 나이끼리 따로 있어.

유아 우리는 평범하게 나뉘어 있지 않고 다 섞여 있어요. 같이 놀아요.

교사 아, 우리는 나이별로 정했는데 고민이 좀 많아.

유아 왜 나눠요? 다 같이 놀면 좋은데. 재미있어요.

교사 내가 가서 이야기해 볼게.

태겸이와 밧줄에 매달리는 놀이를 하다가

교사 아, 나는 서른 살 넘게 먹었는데도 왜 이렇게 무섭지? 나는 겁이 나서 못 하겠는데.

유아 어릴 때 많이 안 해 봤어요?

교사 응?

유아 아니, 어릴 때 많이 도전해봐야 하는데. 안 해 봤어요? 도전하면 실패해도 괜찮고, 노력하면 괜찮아요.

교사 오, 좋은 이야기다. 그렇네. 어릴 때 많이 해봤어야 했는데… 지금은 늦었을까?

유아 지금 도전해봐요. 노력하고 다시 넘어져도 다시 일어나고 다시 성공하는 거예요.

교사가 아이들에게 고마웠다는 이야기를 전하며 감동받고 간다. '어린이들의 마음이 선생님보다도 더 따뜻하고 용감하다'라는 이야기를 해주며 작별인사를 나누다가

교사 나 좀 궁금한 게 있는데 물어봐도 될까?

어린이들 물어봐요.

교사 친구들 마음이 참 따뜻하고 크잖아. 유치원 오기 전부터 그랬던 거야? 아니면 여기 와서 달라진 거야?

유아 나는 처음부터 그랬어요.

유아 나는 처음에는 이만했는데(손가락 한 마디 정도 길이를 두고 엄지와 검지로 간격을 표시함) 지금은 이~만해요!(두 팔을 벌려 간격 표시함)

교사 왜? 왜 달라진 거지?

유아 여기가 너무 재미있는데 자유롭게 놀다가 마음이 좋아졌어요. 그래서 달라진 거예요.

수업나눔을 통해 확인한 솔빛숲유치원 아이들의 성장

수업나눔은 우리에게도 쉽지 않은 일이었다. 유치원 공동체 구성원 간에도 나눔이 망설여졌는데 관내 선생님들을 대상으로 하는 수업나눔, '이게 가능할까?'라는 질문을 수없이 해보았다. 우리는 1년 동안 수업을 함께 나누면서 놀이중심 교육과정에서 수업나눔은 교사를 평가하기 위한 시선으로 바라보는 것이 아니라 아이들이 놀이를 어떻게 풀어가는지 잘 살펴보고 아이들을 어떻게 지원해줄 것인지 함께 고민하는 자리임을 경험했다. 그런 경험과 믿음이 관내 선생님들을 모시고 수업을 나눌 수 있는 용기를 주었다.

수업나눔을 돌아본 우리의 평가는 보석 같은 아이들에 대한 것이었다. 숲이라는 정형화되지 않은 공간에서 스스로 놀이를 만들어가는 시간들이 아이들의 내면에 있는 아이다움을 발현시키고, 유아를 '스스로 놀이를 만들어가는 유능한 존재'로 인정하는 교사의 믿음과 지지가 그들에게 더 많은 날개를 달아주고 있음을 확인할 수 있었다. 교실에서 일어나는 다툼이나 짜증 등 문제행동의 원인이 유아에게 있는 것이 아니며, 그들에게 주어진 환경의 틀, 그동안 교사 입장에서 당연하게 생각해 왔던 모든 것이 그들의 삶 속에서는 전혀 당연한 것이 아니었음을 깨달았다. 교사들이 무엇을 더 내려놓아야 하는지, 아이들 시각에서 그들의 삶을 바라보는 것이 얼마나 중요한 것인지, 그들의 눈으로 바라본 세상은 얼마나 많은 모순에 싸여 있는지 돌아보아야 함을 말이다.

자신의 따뜻하고 큰 마음은 "너무 재미있게 놀다 보니 마음이 좋아져서, 그래서 달라졌어요"라는 태겸이의 이야기에서 우리 아이들은 모든 정답을 알고 생각하고 있음을, 교사들은 유아들이 그렇게 스스로 자신의 삶을 재미있게 살아갈 수 있도록 만들고 지원해주는 역할을 해야 한다는 것을 실감했다.

솔빛숲 아이들을 통해 돌아본 교사의 삶

솔빛숲에서 보낸 3년이라는 시간은 20년 교육 경력을 거치면서도 얼마나 많은 아이를 교육과정과 수업이라는 이름으로 가두어 놓고 있었는지, 그동안 교실 수업에서 아이의 생각과 가치가 얼마나 철저하게 배제되었는지 돌아보며, 학문이라는 형식에 갇혀 아이들이 살아가고 있는 삶을 등한시한 교사로서의 삶을 반성하게 했다.

숲에서 아이들은 자기가 만든 놀이에 몰입하고 자기가 경험하는 자연을 감탄하며 흥얼흥얼 노래 부른다. 교사로서의 나는 그 노래를 살며시 감탄하고 들어주며 받아 적으면 그들의 삶 속에서 자연을 노래하는 시와 노래가 되는 것이다. 그런 게 동시인데 '따라 말하고, 빈칸을 만들어서 채우고, 반복해서 읽는 것이 동시'라고 알고 가르쳤다는 것이 너무나도 부끄럽다.

오늘도 솔빛숲유치원에는 가을 햇살을 듬뿍 받고 저마다의 색으로 빛나며 물들어가는 단풍잎처럼 하나도 같은 색이 없이 148개의 색으로 반짝반짝 빛나는 보석 같은 아이들이 살아가고 있다.

아토피 우선 전형이 이렇게나 많다고?

이호임_ 영양사

알러지가 사라지니 한결 밝아진~
왜 이렇게 많이 먹을까?

2019년 솔빛숲 유치원으로 발령받고 나서 원장님과 통화했는데, 첫 마디가 "천식과 아토피가 심한 원아가 20여 명이 넘으니 식단 짤 때 아토피 원아를 관리하는 식단을 작성하라."는 것이었다. 겁부터 났다. 이전 유치원에서는 아토피가 이렇게 많지는 않았다. 숲유치원이고 우선전형으로 받다 보니 아토피가 심한 아이들이 많았다. 아이별로 가공식품 및 첨가물이 들어 있지 않은 자연 친환경적인 식단을 짜려니 여간 힘든 게 아니었다. 발령이 늦게 나는 바람에 일주일 앞두고 개원 준비하랴, 개원 식단 작성하랴, 대청소하시는 조리 종사원 및 대체인력 관리하랴, 정신이 없었다. 눈코 뜰 새 없이 주말 휴일도 반납하고 겨우겨우 준비를 했다.

3월이라 만 3세, 4세, 5세 혼합반이다 보니 만 3세 아이는 식판을 들고 가는 것도 힘겨워서 저와 담임선생님, 부담임선생님 등이 급식을 담은 식판을 한 명씩 배달하는 것이 부지기수였다. 1주일 정도 지나가다 보니 조금씩 적응해가는 모습이 보였다. 어느 정도 배식 시간도 맞춰지고 제자리를 찾아갔다. 옷으로 가렸어도 얼굴 및 손에 아토피 증상이 보이는 원아가 몇 명 보였고, 그중에는 정말 심한 원아도 있었다.

급식을 시작한 지 2, 3주가 지난 어느 날, 가녀리고 예쁘장한 원아 어머님이 상담을 요청해서 담임과 간호사 선생님, 학부모님 등 저를 포함한 4명이 간호사실에서 모였다.

'우리 아이가 돼지고기, 계란, 우유, 치즈 등에 알러지가 매우 심하니 관리해 달라'는 부탁과 함께 몸에도 증상이 심해서 약도 발라야 한다고 했다. 제한된 식재료를 빼려니 여간 신경이 쓰이지 않았다. 처음에는 어머님이 식단표를 보고 알러지를 유발할 수 있다고 알려진 식재료 및 식단이 있는 경우 도시락을 싸 와서 먹게 했다. 점점 아이도 적응해가면서 유치원 급식으로 식사를 했다. 이렇게 1학기, 2학기 지나다 보니 알러지 음식도 하나, 둘, 늘었다 줄었다를 반복했다. 1년이 지나고 그 이듬해에는 알러지가 있었으나 1년 반이 지나갈 무렵부터는 전혀 신경 쓰지 않아도 될 만큼 가릴 음식이 없었고, 급식을 해도 알러지 증상이 없었다. 키도 많이 크고 많이 활발해지며, 스트레스도 줄어들고 한결 밝아진 모습이 보여서 새삼 뿌듯했다.

또 다른 원아는 배식을 받으면 식판 앞에서 팔을 괴고 무슨 생각을 하는지 먹지도 않고 심각한 표정으로 30분 이상 앉아 있었다. 아토피는 없지만 생선류를 무척 싫어하고 편식이 심한 원아였다. 숫기도 없고 말도 없어 담임선생님도 힘들어하는 듯했다. 원아가 조금씩 먹을 때마다 칭찬과 인내로 담임선생님이 옆에서 돌봐주면서 싫어하는 음식을 제한해서 주다 보니, 어느새 적응해가는 모습이 보였다. 2학기가 지난 어느 날 어머님께서 고맙다는 편지를 써서 보내 주셨다. 졸업해서도 저와 조리사분들의 감사한 마음 잊지 않는다는 내용이었다.

오전에 숲 활동을 하여 머리는 땀에 흠뻑 젖고, 미끄럼을 탔는지 바지 엉덩이 부분에 흙이 묻은 채로 오는 아이들도 간혹 보였다. 활동량이 많다 보니 입맛에 맞는 음식이 나오면 두 번, 세 번, 네 번, 다섯 번을 먹는다. 왜 이렇게 많이 먹을까? 제한하지 않으면 어른이 먹는 양보다 더 많이 먹는 원아들도 있다. 음식의 호불호가 강하고 자기주장이 강하다 보니 식사 후 잔반 처리도 자기가 한다면서 처리하는 아이, 키는 작아도 배식대 위가 안 보이면 까치발로 서서 먹고 싶은 음식을 달라는 아이, 배식받다가 옆 친구와 부딪혀 식판이 엎질러져서 어쩔 줄 모르는 아이, 먹고 싶은데 없다고 우는 아이, 국물이 옷에 쏟아져 찬물 및 찬 수건으로 열을 식히는 아이 등, 정말 신경 쓸 일이 많다. 알러지로 힘들었던 원아들이 점점 아토피가 없어지고, 밝은 모습, 건강해지는 모습들을 보면서 영양사로서 보람을 느낀다. 열정을 가지고 열심히 일하고 있는 나 자신에게도 감사하다는 생각이 든다.

교직원의 삶

안쓰러우나 행복한 교직문화

허정혜_ 부담임교사

머릿결은 땀으로 축축하고 눈 아래는 퀭하니 다크서클이
숲교사는 행복할까? 불행할까?

'엄마가 행복해야 자녀가 행복하다.'라는 말이 있듯이 학교에서는 선생님이 행복해야 아이들이 행복할 수 있다고 생각한다. 선생님이 행복하기 위해서는 교직문화인 학교의 분위기와 동료 교사들 간의 관계가 큰 몫을 차지한다.

아이들과 숲에서 하루 일과를 마치고 다모임에 참여할 때면 출근할 때 곱게 빗은 머릿결은 땀으로 축축하게 코팅이 되어 이마에 딱 붙어 있다. 눈 아래는 퀭하니 다크서클이 검게 흘러내렸다. 숲에 다녀와서 바지를 보면 무릎 부분이 봉긋하게 솟아올라 있다. 이 모습을 본다면 누구나 말하지 않아도 교사들의 노고와 수고를 단번에 알아차리고 공감하게 될 것이다. 안쓰러울 만큼 몸 고생을 하며 매일 숲에서 생활하는 교사라면 행복할까? 아니면 불행할까? 그래서 교사들의 목소리를 현장에서 생생히 들어볼 필요가 있었다. 반전 같지만, 현실적이고 진실된 교사의 목소리는 하나같이 "그래도 행복하다."라는 말로 집약된다. 나도 그렇다. 솔빛숲유치원의 속사정을 모르는 외부인들이 교사들의 겉모습만 보고 판단한다면 '교사들에게 몹쓸 가루약이라도 타 먹인 게 아닐까' 하는 생각이 들지도 모르겠다.

교사들이 '행복하다'라고 솔직하게 감정을 표현할 만큼의 솔빛숲유치원의 참모습이자 장점은 무엇일까? 개인적인 생각이지만, 유치원의 교직 문화와 각 반 교실의 분위기인 것 같다. 유치원의 전체적인 교직 문화는 다정다감하다. 원장선생님은 교사들의 마음을 늘 살피시고, 함께 이야기를 나눌 아늑한 공간을 마련해 주신다.

"커피 한잔 하러 와."라고 건네는 다정한 목소리는 "언제나 네 이야기를 들어줄 준비가 되어 있어."처럼 들린다. 용기가 필요할 때, 응원이 필요할 때, 상담이 필요할 때, 언제든 찾아가서 이야기보따리를 맘껏 풀어 놓고 싶은 마음이 저절로 생긴다. 원감선생님은 숲이라는 공간의 특성 때문에 교사들이 체력적으로 많이 힘들다는 것을 누구보다도 잘 알고 계시는 분이다. 마주하면 가장 먼저 "수고가 많아요."라며 수줍은 미소로 살펴봐 주신다.

동료 교사들의 전체적인 분위기는 함께 패키지여행을 하는 좋은 친구들 같다. 낯설고 힘든 여행길을 함께하면서 때로는 서로 손을 잡아주기도 하고, 때로는 뒤에서 살짝 등을 밀어주고, 때로는 앞에서 이끌어 주면서 목적지까지 한 명의 낙오자도 생기지 않게 세심하게 챙겨주고 마음을 나눠주는 의리 있는 속 깊은 친구들 같다.

솔빛숲유치원 교직 문화의 가장 좋은 점은 교직원 모두가 소속감을 가지고 자신의 의견을 나눌 수 있는 따뜻한 공간이 마련되어 있다는 것이다. 전체 교직원 중 누구 한 명도 소외되지 않고 각자 주어진 역할에 따라 소통할 수 있는 대면·비대면 공간이 있다. 함께 나누고 공유하는 일이 자유롭고 개방되어 무엇보다 소통이 잘 이루어진다. 근무하면서 힘든 일은 서로 격려하면서 응원하고, 잘한 일은 칭찬하고 함께 기뻐하면서 직원들의 사기를 높여주고 어려움을 덜어주는 교직 문화는 일과 사람 관계에서 보람을 느끼게 해준다. 같은 공간에서 함께 일하려면 교직원 모두가 당연히 소통하고 협력해야 하는, 누구나 할 수 있는 일 같지만 실은 교직원 간의 존중과 신뢰가 밑바탕에 있지 않으면 불가능한 일이다. 교직원 한 명 한 명이 서로 믿고 존중할 줄 아는 따뜻한 마음과 개방적인 열린 마음으로 소통하기에 교직원 모두 각자 위치에서 잘 적응하고 보람도 느낄 수 있다.

솔빛숲유치원은 모든 교직원과 아이들이 함께 어울려 살아가는 민주적인 공동체이다. 교사들이 아이들의 자율성을 인정하고 각자의 삶을 주도적으로 살아갈 수 있도록 배려하듯이 교직원 간에도 이곳에 잘 적응하면서 자신의 역할에 보람을 느낄 수 있도록 소통하고 협력하는 분위기다. 숲이라는 방대한 공간을 교육장소로 선택한다는 것이 개인이 혼자 감당할 수 있는 영역 이상의 것이기에 어쩔 수 없이 협력이 이루어져야 하는 것이라고 생각할 수도 있지만, 진정성 있고 의미 있는 소통과 협력은 일방적인 명령이나 지시가 아니라 서로 존중하고 신뢰하는 마음이 쌓였을 때 이루어진다고 생각한다.

교사들은 힘들기만 하고 아이들만 행복한 유치원이 과연 행복한 유치원이라고 할 수 있을까? 아이들이 행복하고 교직원들이 행복하고 더 나아가 학부모들이 행복한 유치원이 진정 행복한 유치원이 아닐까?

서로 신뢰하고 존중하며 '우리'라는 생활공동체에서 한 명의 교직원도 소외되지 않고 소통과 협력이 이루어지는 민주적인 문화로 자리 잡아 가는 솔빛숲유치원에서의 교사 생활은 행복 그 이상의 것을 성장시킨다. 늘 따뜻한 마음이 오가고, 민주적인 방식으로 서로의 의견을 존중하고 소통하며 서로를 보듬고 이끌어 가는 교육공동체를 향한, 보람 가득하고 행복한 성장을 꿈꾼다.

교직원의 삶

모두의 숲

유지연_ 부담임교사

*18명 모두 똑같은 그림을 그릴 필요는 없어
고라니와 새들의 숲에 주인행세를 하지 않았는지*

솔빛숲유치원 면접 날이 생각난다. 무슨 말을 어떻게 했는지 횡설수설했던 그날. "우리 유치원에 왜 지원하게 되었나요?"라는 질문에 "숲이 좋아서…"라고 답변했던 것만은 똑똑히 기억한다.

숲유치원도 처음! 방과후과정 교사도 처음인 나는 무조건 숲이 좋아서 지원하긴 했는데 이 낯선 곳에서 어떻게 해야 할지, 그동안 내가 해온 방식대로 하면 되는 건지, 숲과의 연계는 어떻게 해야 하는지에 대해 많이 고민했다. 하지만 고민만 하면 무엇하랴? 힘이 되어주는 선생님들과 유치원에서의 일상을 공유하기 시작했다. 부족한 점들에 대해, 아이들을 위해 할 수 있는 것들에 대해 서로 이야기하고 실행해보기도 했다. 차츰 시간이 지나 교사와 아이들이 함께 만들어가는 공동체적인 솔빛숲으로 변화해 가는 것을 몸으로 느낄 수 있었고, 이러한 과정을 통해 숲에서의 근무는 해가 갈수록 재미있어졌다. 물론 몸이 피곤할 때도 있지만 말이다.^^

숲에 오기 전에 정해진 교육계획안과 일지를 기록하고, 꼭 해야 하는 틀에 박힌 계획에 따라 아이들과 활동하는 수업 위주의 틀에 박힌 생각들을 벗어나는 게 쉬운 일은 아니었다. 그럴 때마다 "18명 모두 똑같은 그림을 그릴 필요는 없어~", "교사가 도와주는 것보다 아이들이 하는 놀이 자체가 더 재미있어~." 하며 선생님은 늘 얘기해 주셨고, "저는 숲에 대해 아무것도 몰라요. 곤충 이름도, 나무, 풀 이름도 모르는데 어떡하죠?" 하며 걱정하면 "아무것도 몰라도 괜찮아. 나도 잘 몰라." 하며 얘기해 주던 선생님의 말이 기억난다.^^

정말이다!! 아무것도 몰라도 괜찮았다. 아이들과 어울리며 함께 알게 되고, 놀이에 참여하며 놀이 방법을 찾아가고, 아이들이 하고 싶어 하는 것을 지원해 주기만 했다. 그러면 되는 것이었다.

어느 주말이었다. 이 좋은 숲에 초대하고 싶어 아이를 데리고 숲 교실에 놀러 간 적이 있다. 우리가 아닌 다른 사람들도 우리 숲에 놀러와 있었다. 우리가 설치한 그네도 타고 둘러보며 간식을 싸 와서 먹기도 했다. 문제는 쓰레기를 그냥 두고 가는 것이다. 나는 많이 불쾌했다. 아이들이 타는 그네를 함부로 타고, 쓰레기도 그냥 두고 가다니!!

다음날 선생님께 불쾌했다며 이르듯 이야기했다. "여기는 우리 숲이 아니야~"

맞다. 여기는 우리의 숲이 아니었다. 모두의 숲이었다. 누구나 올 수 있고 누릴 수 있는 곳이다. 그럼에도 마치 우리가 주인인 양 행세하지 않았는가?

"선생님, 우리 숲엔 왜 이렇게 비닐 쓰레기가 많아요?"

"사람들이 농사짓고 그냥 두고 가서 그런 것 같아."

"흙이 많이 아프겠다, 지렁이도 아프고…."

평소 무심코 지나쳤던 것들에 대해 아이들은 숲이 아파하고 있다는 걸 이미 알고 있었다. 어떻게 보면 나 또한 아이들의 놀이가 활발하게 진행되고 아이들을 재미있게 해주기 위해 숲을 꾸미기에 급급하진 않았는지, 우리가 설치하는 것들이 숲을 힘들게 하는 건 아닌지 돌아보게 된다. 내 숲이 아닌 모두의 숲이다. 다람쥐의 숲이고, 고라니와 새들의 숲에 우리가 너무 주인 행세를 하진 않았는지 미안한 생각으로 반성한다.

'비닐 쓰레기 악당 물리치기' 놀이를 통해 숲을 지키고 보호해야 한다는 가르침을 아이들에게서 배웠다. 또한 사계절을 오롯이 느끼게 해주고, 모든 것을 풍성하게 한없이 내어만 주는 숲이 너무 고맙다.

해가 갈수록 많은 것을 배우고 반성하며 하루하루 성장해 간다. 무엇보다 너무 재밌다. 나는 여전히 숲이 좋고, 아이들이 좋고, 생각을 나눔으로써 만들어가는 솔빛숲 선생님들이 좋다.

앗! 이게 뭐지?

정정원_ 특수교사

교육 기자재란? 삽, 낫, 호미, 갈퀴, 톱, 망치, 밧줄.
흙과 물만 있어도 하루가 짧은 아이들.
세상에서 가장 사랑스럽게 살아 숨 쉬는 명화 한 장.

눈앞에 벌어진 풍경.

이게 뭐지?

숲교실에 도착한 아이들이 가방을 줄에 대롱대롱 매달아 놓고 숲 여기
저기로 일사불란하게 흩어졌다.

직접 보면서도 내 눈을 의심했다.

비탈진 산길을 번쩍번쩍 오를 때부터 예사롭지 않았다. 기다랗게 늘여
놓은 줄을 잡고 비탈진 숲길을 오르며 아이들이 말한다.

"선생님~ 조심하세요~ 힘들면 이렇게 줄을 잡고 오르면 돼요!"

어른인 선생님 걱정까지 챙기는 아이들과 오른 산이다.

책과 머리로만 상상했던 숲유치원인데…

'여긴 천국인가?'라는 생각이 스쳤다.

90년대 초반 공동육아를 하면서 이전에 배우고 생활했던 많은 것을 수
정해야 했다. 자연과 더불어 함께 사는 삶, 고정관념과 관습의 틀을 바꾸어
야 가능했던 대안적 교육에 대한 이해… 수없이 많은 논의를 거치고, 공부하

고, 답사하고, 하루하루의 삶을 돌아보고 수정하고 보완해가며 만들어갔던, 그 치열했던 시간들… 그토록 갈망했던 모습들이 솔빛숲에서 자연스럽게 펼쳐지고 있었다.

눈물이 핑~~ 돌았다.

그리웠던 것인지, 꿈꾸어왔던 것인지…

애써 찾고 있던 무언가를 눈앞에서 보고 있는 느낌이다.

거인 사냥꾼을 조심해야 할 것 같은 동화 속 같은 장면들이 매일매일 이어지고, 자연이 흐르는 시간에 맞춰 함께 흐르는 아이들…

계절마다 바뀌는 식재료로 음식을 만들고, 생의 첫 도전을 하고, 또 누구는 한가로이 앉아 숲을 지나가는 바람을 맞고, 수없이 반복해 얻어진 기술들을 동생들에게 전수하고, 자연이 준 결실들로 요리를 하고…

대체 이 아이들의 몸과 마음에 무엇이 새겨지고 있을까.

나는 어린 시절 시골에서 나고 자라면서 새겨진 기억들로 지금까지의 삶을 살아왔다. 친구들과 산과 들을 누비며 온 동네를 휘젓고 다니고, 마을 전체가 아이들을 키웠던 그 시절. 도시에서 줄 수 없는 풍요로움이 있었다. 그 속에서 나는 자유롭고 따뜻하게 성장할 수 있었다.

딱 그 시절이 오늘, 여기, 솔빛숲에 펼쳐져 있는 것이다.

올해 담당하게 된 반은 특수학급이다.

특수학급은 장애유무와 관계없이 특별한 교육적 요구가 있는 유아들이 배정된다. 올초 솔빛숲과 함께하게 된 친구들은 언어가 늘어 세상과의 소통이 지연된 친구들이다.

자연은 말로 소통하지 않아도, 또래 친구들보다 발달이 늘어도 있는 그대로의 모습으로 받아 안아주었다. 숲은 특수반과 통합반을 구별하지 않았고, 통합반 친구들 역시 서로를 구분 짓지 않았다.

숲은 대화보다 몸으로 소통하는 시간이 훨씬 많다.

말없이 건네는 삽 한 자루 끝에 수십 개의 언어가 묻어 있다.

혼합연령으로 이루어진 학급 구성도 긍정적으로 작용했다. 학급당 또래가 적어 다툼보다는 협력의 시간들이 필요했고, 형님들에게 도발하는 '하극상'은 상상도 못 할 일이다.

그래서일까? 솔빛숲의 아이들은 자연을 닮은 넉넉함이 있다. 친구와 다툴 시간에 한 번이라도 더 놀고 싶어 한다. 하루 종일 놀고도 내일은 더 많이 놀게 해달라고 조르는 아이들!

건축가들이 집을 지을 때 가족 구성원의 동선을 계산한다. 사람이 움직이는 동선은 인성에도 크게 작용한다고 한다. 동선이 겹치면 겹칠수록 예민

해지고 상대에게 과민하게 반응한다고 한다. 이런 측면에서 볼 때 숲은 하루 종일 뛰어다녀도 의도하지 않는 이상 동선이 겹치지 않는다.

유아기를 풍요로운 자연환경에서 풍족함을 충분하게 느끼고 자란다는 것.

누구도 그 결과물을 예측하기 힘들 것이다.

그러나 굳이 미래를 내다보지 않는다 해도

오늘,

여기,

당장.

행복한 아이들이 있다.

아이들과 학부모와 교사들은 스스로 지켜야 할 규칙들을 정하고, 아이들은 지나온 활동을 돌아보며 평가하고, 교사들은 수업나눔을 통해 다른 반 아이들의 놀이에 함께 참여하고 아이디어를 공유한다.

유치원에 들어오는 첫 관문인 지킴이실에서부터, 급식실, 행정실, 교무실까지. 솔빛숲 전 교직원 모두가 한마음으로 유치원을 바라보는 곳.

당연한 일이 이상하게 보이는 이곳은…

참 흐뭇하다.

지난 시간, 교사라는 이름으로 불리며 살았던 오랜 시간.

나이가 들어갈수록 선생님이라는, 누군가를 가르치는 직업이 지닌 무게감이 힘에 겨웠다. 얼마나 더 지속할 수 있을까? 이젠 내려놓아야 하지 않을까 하고 순간순간 고민했다.

솔빛숲에 와서 이제 고작 2학기를 맞이했을 뿐인데, 솔빛숲을 떼어 놓고서는 미래가 잘 그려지지 않는 지경이 되었다.

나의 삶 깊숙이 솔빛숲의 일상이 들어왔고, 이 흐뭇한 곳에서 나는 오늘도 행복하다.

숲유치원을 졸업했다

김수미_ 김채은 어머님

숲유치원 졸업생, 반곡초 1학년 1학기를 보냈다.

우리 채은이는 입학하고 지금까지 단 한 번도 숲유치원을 잊어본 적이 없다.

상에 차려진 수육을 보면 "이거 김치랑 싸 먹으면 엄청 맛있다.", " 숲유치원 다닐 때 선생님이 싸주셨는데 진짜 맛있더라."라며, 김치 비슷한 거 뭐든 겸상도 하지 않던 아이가 막 양념해서 나온 겉절이를 보고는 추억을 음미한다. 전날 내린 비로 꽤 질퍽해진 계족산 황톳길에 쑥 들어간 발을 빼기가 여간 힘이 드는 게 아니었다. "채은아, 우리 다른 길로 갈까?" 물었더니 "엄마, 나 숲유치원 나왔어요." 하는데 "아, 맞다. 그랬지! 우리 채은이 숲유치원 나왔지!" 맞장구하고 함께 길을 걸었다. 앞서가는 채은이 어깨에 산이 올라와 있는 것 같다.

하지만 숲유치원 얘기가 나오면 마음이 편해진 것은 불과 몇 달 안 되었다. "숲유치원이 더 좋은데, 유치원 다닐 때는 이런 거 했는데, 유치원 다시 가고 싶어."라고 할 때마다 가슴이 철렁했다. 학교 잘 다녀야 하는데 유치원하고 비교하다 학교 적응 잘 못할까 봐 3월 입학 적응 기간에는 애 아빠까지 출근을 미루고 아이의 등굣길을 도왔다. 하루는 급식 시간에 너무 많이 울었다고 했다. 너무 걱정돼서 불안했다. 학교가 싫은 이유를 물어보니 채은이 대답이 이랬다. "더 자고 싶어, 가방 무거워, 학교 급식 시간이 너무 싫어." 학교 가기 싫은 이유가 몇 가지 더 있었지만 선생님이 싫다든가, 친구들이랑 놀기 싫다든가, 학교가 너무 무섭다는 등 관계에서 오는 스트레스는 없어서 걱정을 좀 내려놓기로 했다.

그러면서 한 학기를 무심하게 보내니 엄마의 걱정과 달리 채은이는 숲 유치원을 나온 자긍심을 갖고 기발한 생각과 즐거운 몸짓으로 선생님과 친구들에게 큰 웃음을 주며 인정받고 있었다. 학급 명예의 전당에 '김채은' 이름 석 자가 네 차례나 오르는 영광을 누렸다. 우습지만 며칠 전에 매달 실시되는 학급 장기자랑에서는 매미 소리 흉내 냈는데, 선생님께서 마이크를 대주셔서 더 실감 나고 좋았다고 한다.

채은이는 7세 때 숲유치원으로 옮긴 데다 코로나로 몇 달밖에 유치원을 못 다녔지만 숲유치원에서의 경험들이 아이에게는 '진짜'였던 것 같다. 채은이가 말하길, 숲에 올라갈 때 처음에는 귀찮고 가기 싫지만 막상 가서 놀다 보면 나중에는 내려가기 싫어진다고 한다. 지금 학교도 아침에는 가기 싫지만 가서 친구랑 공부하고 놀다 보면 너무 재밌고 좋다고, 다 그런 거라고 한다. 정말 기특하다. 채은이는 숲유치원을 다니면서 생각을 키우고 어디서든 적응할 수 있는 힘을 기른 것 같다. 숲유치원에서 생각을 존중받고 자유롭게 놀고 배우며 생겨난 끈기, 인내, 소통능력 등이 유치원과 학교의 차이를 넘어가게 하는 것 같다. 단순히 다름에서 오는 차이를 놓고 적응 여부를 따져보던 내 생각을 지금에서야 고쳐먹게 되었다.

채은이는 어떤 환경에서도 쬐끔은 힘들어하겠지만, 모든 것을 과정이라 여기며 숲유치원에서 담임 선생님께 받은 사랑을 간직하고 뭐든 '하면 된다'는 생각으로 잘 적응해 갈 거다. 채은이 말로는 선생님이 자기를 좀 더 사랑해주시는 것 같다고 한다. 그 사랑을 기억하는 한, 2학년이 되어 다른 선생님을 만나도 선생님에 대한 좋은 기억을 가지고 또 잘 적응해갈 것이다.

숲유치원은 찐이다. 계절마다 그때 체험할 수 있는 것들을 해볼 수 있어 좋았다. 물길도 파보고, 물고기도 잡아보고, 감자도 쪄먹고, 밤도 따 보고, 단풍도 구경하고, 생강차도 담가서 차로 마셔보고, 달팽이랑 장수풍뎅이도 키웠다. "이런 것도 해?" 하고 보내면서 좋았던 것이 한두 가지가 아니었다. 일 년 채 못 되는 기간이 안타까울 뿐. 자라나는 많은 아이들이 국공립 숲유치원을 다닐 수 있게 장소가 마련되고 교사가 양성되면 좋겠다. 숲유치원에 다닐 수 있는 것이 운이 아닌 선택이 될 수 있게 말이다.

"엄마, 나 유치원 다니는 게 너무 행복해"

김려원_ 윤이윤 어머님

"윤아~ 빨리 일어나~ 유치원 가야지!!"

여섯 살까지만 해도 매일 아침 유치원 가기 싫다는 아이를 억지로 깨우고, 아이 기분에 맞춰 어떤 예쁜 옷을 입고 갈지 어떤 구두를 신을지 달래가며, 그렇게 등원시켰다.

물론 다니고 있던 유치원 선생님들 모두 더할 나위 없이 좋은 분들이고, 다정다감하셨으며, 아이 또한 선생님을 너무 좋아했는데도 아침만 되면 등원 전쟁을 한바탕 치르고서야 하루 일과를 시작했다.

그러던 중, 6세 때 지원하여 떨어졌던 솔빛숲유치원에 다시 지원하게 되었고, 대기 2번으로 입학하게 되었다.

안녕하세요? 솔빛숲유치원 2회 졸업생 학부모 김려원입니다.

올해 3년 차를 맞아 유치원 성장 이야기를 책으로 엮으면서 이렇게 소감을 올리게 돼 너무 기쁘고 영광입니다.

지난 한 해를 돌아보니 뭐라 표현할 수 없는 감정들이 몽글몽글 생겨납니다. 너무 많은 이야기가 떠올라 무엇부터 풀어야 하나 망설여지기도 합니다.

한마디로 숲유치원을 보내게 되어 기뻤고, 코로나로 인해 아쉬웠고, 그럼에도 아이가 스스로 자라나는 모습에 가슴이 벅차오릅니다.

큰 기대 없이 코로나 때문에 유치원에서 보내온 놀이꾸러미들을 하나씩 하며 오히려 아이를 매일 데려다주지 않아도 된다는 편안함(?)에 빠져있을 때쯤, 늦은 5월에 첫 등원을 했습니다.

전 유치원과는 완전히 다른 환경에서 매일 숲놀이를 하고, 계절에 맞춰 여러 가지 활동을 하고, 유치원의 동물들을 돌보고 키우며, 아이는 저도 모르는 사이 황토 흙산 뒹굴기를 제일 좋아하게 되었고, 무서워했던 곤충들을 손으로 잡고, 유치원에서 나눠준 식물도감 책을 늘 가지고 다니며 어떤 식물인지 궁금해하는 아이로 바뀌었습니다.

손톱을 물어뜯는 버릇이 있었는데, 뭉툭하던 아이의 손톱이 어느새 길어졌습니다. 핸드폰보다 곤충에 관심이 많아지고, 매일 집으로 돌아오는 차 안에서는 '어떤 곤충을 잡았는지', '무엇을 하고 놀았는지' 등, 아이가 재잘대는 유치원 이야기에 공감하고 웃으며 행복했습니다.

유치원 등원 첫날 아이가 "엄마, 유치원이 너무 좋아"라는 말을 흘려들었습니다. 일주일 후 아이가 "엄마, 유치원이 너무 재밌어"라고 했는데 또 귀담아듣지 않았습니다.

(그 전 유치원 다닐 때도 똑같이 이야기했기에, 큰 기대가 없었는지도 모릅니다.)

한 달쯤 뒤 아이가 "엄마, 나 유치원 다니는 게 너무 행복해"라고 했을 때는 마음의 큰 짐을 내려놓은 느낌이었습니다.

예전처럼 매일 예쁜 드레스를 고르는 게 아니라 투박한 등산복을 고르지만, 아이 스스로 유치원 갈 준비를 하고 매일 어떤 놀이를 할까 행복한 고민을 하는 모습을 보니 '아이들은 이렇게 자라야 하는구나', '교실 속 세상이 전부가 아니라 자연과 함께, 그 속에서 본능적으로 느끼고 경험하고 즐겨야 하는구나'라는 생각이 들었습니다.

또한 매일 선생님이 올려주신 사진 속 아이의 얼굴은 여느 때보다 신나고 즐겁고 행복해 보였고, 숲놀이를 하느라 흐트러진 머리, 더러워진 옷들을 훈장처럼 보여주며 이야기하는 아이의 모습에 저도 함께 놀이한 듯 신나고 설레는 한 해를 보냈습니다.

사실 저도 숲유치원에 보내기 전에는 고민이 많았습니다.

일곱 살 한 해만 다니면 되는데 굳이 새로운 환경에 다시 아이를 적응시켜야 했고, '혼합연령 반이라 동생들 때문에 힘들어하지 않을까', '선생님의 관심에서 벗어나지 않을까' 하는 걱정이 들기도 했습니다.

하지만 제 걱정과 달리 아이는 너무도 빨리 숲유치원에 적응했고, 같은 반 동생들과 새로운 것들을 배워가며 자기가 못하는 부분들은 오히려 동생들에게 배우고, 그냥 '동생'이 아닌 '다섯 살 동생 친구', '여섯 살 동생 친구'라 부르며 서로 챙겨주고 따르는 모습이 대견했습니다. 어른의 관점으로만 아이들을 보면 안 된다는 것을 다시금 깨닫게 해 주었습니다. 보이지 않는 선생님들의 관심과 배려와 노력 덕분이라고 생각합니다.

지금도 유치원 졸업앨범과 사진을 자기 방 제일 잘 보이는 곳에 전시해 두고 그리워하는 아이를 보니 저도 문득 가을 어느 날이 생각납니다.

선선한 바람 불어오고 잔잔한 빗소리 들리던 날, 빨랫줄에 널어놓은 비옷들 사이로 교실 앞 그늘막 텐트에 누워 아이들이 책을 보며 서로 재잘거리던 소리, 너무나 밝은 얼굴로 모르는 나에게 인사하던 아이, 선생님을 졸졸 따라다니며 뭘 하는지 물어보던 아이들….

저 또한 짧디짧았던 유치원에서의 기억들이 불쑥불쑥 떠오르며 함께한 시간들이 그립습니다.

저의 어릴 때를 돌아보면, 여러 자연물을 접하며 그것들을 가지고 놀이도 하고 자연 속에서 스스로 이치를 깨달으며 배워간 것 같습니다. 우리 아이들도 그렇게 자랐으면 좋겠습니다.

TV 캐릭터 이름이 아닌 곤충과 식물 이름들을 알아가며 관심을 기울였으면 좋겠고, 마트 장난감이 아닌 자연물 놀이를 좋아하는 아이로 자랐으면 좋겠습니다. 언젠가 이 아이들이 현실과 부딪치게 될 때, 강하지만 부드러운 자연처럼 단단하고 튼튼한 마음으로 버틸 수 있는 디딤돌이 되는 시간이면 좋겠습니다.

선생님들의 피땀 어린 정성과 노력 덕분에 아이들이 더 다양하고 즐거운 숲유치원 생활을 할 수 있었고, 학부모들의 믿음과 관심 덕분에 유치원 생활이 더 활기찼고, 아이들의 신나는 웃음소리 덕분에 모두가 행복했습니다.

앞으로도 더 많은 아이들이 아이답게 행복하게 자라길 바라며, 졸업생 학부모로서 항상 응원하겠습니다!!

솔빛숲유치원과의 인연

안혜숙_ 정시영 어머님

아이가 5세가 되던 해… 유치원에 대해 고민이 많았습니다.

평소 숲 유치원에 관심이 많았기에 대전 세종 근처 숲 유치원을 여러 군데 찾아보았습니다. 아이가 좀 더 넓은 마음을 지니며 창의적인 사고를 하는 아이로 자랐으면 했습니다. 마침 세종 지역에 숲 유치원이 개원한다는 뉴스를 접하고 지원하여 운 좋게 다니게 되었습니다.

숲 유치원 생활은 너무나 만족스러웠습니다. 열정적인 선생님들과 사랑스러운 아이들, 교육 환경까지. 처음에는 정돈된 느낌은 아니었지만 조금씩 자리를 잡아갔고, 첫해 입학하여 함께 만들어간다는 생각에 학부모들도 마음을 활짝 열어 대단히 친밀해졌습니다.

학부모회가 처음 구성될 때, 아이를 맡기고 있는 엄마로서 유치원에 뭔가 도움이 되는 일을 하면 좋겠다고 생각했습니다. 일을 하고 있기에 어려운 점들이 있었지만 기쁜 마음으로 자원했습니다.

지난 몇 년간 학부모회도 구성부터 활동에 이르기까지 여러 가지로 서툴고 힘든 부분이 있었지만, 현재는 어느 유치원 학부모회보다 잘 운영되고 있다고 생각합니다.

회장님, 그리고 소통 분과 동아리 분과 아버지회 분과가 서로 해야 할 일을 마다하지 않고 도와가며 활동하고 있고, 아직 부족한 부분이 많지만 숲 정비, 숲지도 제작과 달빛축제 지원, 졸업 기념 e북 제작, 숲속 음악회, 동화 구연, 비누 만들기 체험, 환경 챌린지 등 여러 가지 사업을 계획하고 실천하고 있으며, 앞으로도 아이들과 선생님들 학부모님들의 필요를 충족하고 더 나은 솔빛숲유치원이 되는 데 학부모회가 도움이 되었으면 합니다.

아이가 5세 때 입학하여 이제 7세가 되었습니다… 어느덧 3년 가까이 시간이 흘렀고, 아이는 부쩍 자랐습니다. 이 시기가 너무나 중요한 시기라는 생각이 많이 들고, 그 시기를 솔빛숲유치원에서 보냈다는 것에 감사합니다.

저도 엄마가 처음이라 시행착오도 많았고 학부모도 처음이었습니다. 스스로도 엄마로서 한 뼘 성장한 시간이었습니다. 아기 같던 아이가 이제 어엿한 어린이가 되었습니다. 함께해 주신 모든 선생님께 진심으로 감사드립니다.

학부모회 활동을 함께하고 있는 여러 어머님들 아버님들께도 감사합니다. 뭔가 동료의식이 느껴집니다.

솔빛숲유치원 학부모회가 새로운 공동체로, 유치원의 든든한 지원군으로 더 성장하길 기대합니다.

참나무 아래 그늘을 그리워하며
졸업생의 못다한 이야기

신재숙_ 민승기 어머님

유치원 입학식의 설렘과 긴장이 지금도 생생한 기억으로 남아 있는데 벌써 졸업생의 학부모가 되었습니다. 사실 저는 아이가 숲유치원에 다니기 전부터 숲이라는 공간에 관심이 있었고, 특히 독일식 숲교육에 관심이 있던 평범한 엄마입니다. 단순한 지식을 쌓거나 수동적인 학습보다는 유아기에 필요한 전인적 교육이 기초가 되고, 자연이라는 거대한 선물을 충분히 누릴 수 있는 유치원이 숲유치원밖에 없다고 생각했습니다. 하지만 2019년 이전까지 세종시에서는 숲유치원을 선택할 수 없었습니다. 기다림 끝에 마침내 2019년 3월, 세종시에 처음으로 공립 숲유치원이 개원한다는 소식에 누구보다 기뻤습니다. 그리고 운 좋게도 저희 아이가 당당히 합격하게 되었습니다.

솔빛숲유치원에 입학하고 다니는 동안 학부모인 저의 만족도는 생각했던 것보다 훨씬 높았습니다. 숲교육에서 가장 강조하는 부분이 바로 모두가 함께하는 공동체적인 교육과 절대적인 비교나 경쟁을 하지 않는 점이었습니다. 특히 개개인의 교육적인 성과나 발전이 서로 다름을 존중하고 각자 수준에 맞게 판단되어야 한다는 가치관이 무엇보다도 마음에 들었습니다. 숲에서 선생님과 함께 놀이하고 학습했던 것들을 아이 스스로 인지하고 친구들과 협력하며 즐기는 수업방식을 통해 아이들의 도덕적인 면, 정서적인 면, 사회적인 면 등의 발달을 키워주었다고 생각합니다.

유치원 입학 당시 저희 아이는 키가 아주 작고 왜소한 체구였습니다. 숲유치원은 일반적인 교육 위주의 여느 유치원보다 외부적인 신체활동을 많이 해서 그런지 숲활동 이후 급식실에서 먹는 점심식사도 늘 즐거워했습니다. 그래서 아이의 키도 몸집도 쑥쑥 자라며 부쩍 강인해지는 걸 느꼈습니다.

솔빛숲에서의 다양한 숲활동과 숲교육 덕분에 6세이던 아이가 올해 반곡초등학교 1학년에 입학했습니다. 아이는 정서적으로 안정된 가운데 창의적이고 적극적인 태도로 학교생활에 임하고 있습니다. 특히 숲을 오가던 동안 호기심이 많이 생겨서 그런지 학습에 대한 궁금증을 해소하려는 모습도 눈에 띄게 보입니다. 지난 2년간 자연 속에서 뛰어다니며 생활하는 데 익숙해서인지, 입학 후 교실 안 의자에서 오랜 시간 앉아 있는 것이 몹시 힘들었습니다. 숲유치원 친구들의 전반적인 특징인 것 같기도 합니다. 자연 속에서 자유로이 뛰어놀던 학습 환경에서 달라져서인지, 다른 유치원에 다닌 아이들에 비해 교실 안에서 앉아 있는 시간을 답답해하기도 했습니다. 하지만 곧 아이는 잘 적응함은 물론, 학교생활을 즐기며 다니게 되었습니다.

또한, 숲유치원을 다니는 동안 저희 아이에게는 한글학습이나 수학 학습 등을 억지로 시키거나 주입식 교육을 하려 하지 않았습니다. 숲유치원 생활을 하는 동안 교실에 비치된 책을 읽거나 교실 벽에 있는 유치원 원가를 보면서 혼자 한글을 따라 쓰는 등, 나름의 방법으로 자연스럽게 한글 공부도 하게 되었습니다. 자기 스스로 한글에 관심을 보이며 학습하게 되니 초등학교에 입학하고 나서 한글에 대한 흥미와 관심은 더욱 커졌습니다. 이런 원동력은 바로 숲에서 능동적으로 뛰어놀며 자연이 주는 정서적 안정과 커다란 에너지 덕분이라고 생각합니다.

물론 숲유치원을 다니면서 모든 학부모님이 똑같은 만족감을 느끼지 않을 수도 있습니다. 제가 느낀 숲유치원의 한 가지 아쉬운 점이라면, 입학 후 학기 초반에 다른 유치원에 비해 교육적 도구들이 많지 않았기에 그런 것들을 활용한 경험이 다소 부족한 듯한 것이었습니다. 유명한 브랜드의 교육프로그램이나 부모님들이 잘 아시는 교구들을 보유하고 있지 않은 점들이 학부모님들을 다소 불안하게 했을 수도 있었을 것입니다.

하지만 아이가 유치원에 적응하며 차츰 시간이 지나니 자연물이나 재활용품 등을 이용하여 훌륭한 교육 자료와 도구 등을 만들어서 활용했습니다. 그런 모습들을 옆에서 지켜보면서 부모의 기다림과 인내도 함께 성장해 가는 계기가 되었습니다.

비가 오거나 미세먼지가 심해서 숲 활동을 할 수 없을 때면 교실에서 아이들이 과연 무엇을 하며 지낼까 하는 의구심도 들었습니다. 그러나 그런 생각은 금세 사라졌습니다. 아이들은 친구들과 함께 교실에서 다양한 체험을 하며 보냈습니다. 화전을 부치거나 고구마튀김·아카시아 튀김 만들기, 청 만들기, 잼 만들기, 김장 등 집에서 쉽게 하기 힘든 수많은 요리 활동을 하면서 적극적이고 능동적인 아이로 자라는 연습을 하고 있었습니다. 자연에서 사계절을 보내며 계절에 맞는 여러 가지 숲활동을 경험하면서 아이는 숲 안에서 놀라운 성장을 하고 있었습니다. 자연 속에서 맘껏 뛰놀며 성장한 아이는 지금 어엿한 초등학생으로 자라게 되었습니다.

저희 아이는 지금도 저에게 자주 이야기합니다. 참나무 아래에서 장수풍뎅이나 사슴벌레 등을 잡고 시원한 그늘 밑에서 친구들과 뛰놀던 숲유치원을 그리워합니다. 현재 재학 중인 초등학교에서도 숲유치원에서 활동했던 것들을 연계해서 진행할 수 있는 프로그램이 더 다양해졌으면 합니다. 유치원 졸업생이 되어 매일 숲을 함께할 수 없지만, 아이의 마음속에는 숲에서의 추억들이 한 켠에 자리 잡아 문득문득 떠오릅니다. 이런 추억을 간직할 수 있게 해준 유치원이 더욱 자랑스럽습니다. 추운 졸업식 날 학부모님들과 함께 〈스승의 은혜〉를 합창하던 기억은 제게 지금도 잊히지 않습니다. 푸르름으로 가득한 올해 5월에 졸업생들이 다시 모여 진행한 숲동창회도 행복한 추억이 되었습니다.

　아이 인생뿐만 아니라 졸업생 학부모인 제 인생에서도 소중한 인연들과 만날 수 있었던 곳, 안정감을 느낄 수 있었던 바로 그곳, 숲유치원에서 2년간의 추억은 잊을 수 없는 기억으로 남아 있습니다. 두서없는 글을 마무리 지으며 지금도 솔빛숲유치원에서 열심히 활동하고 계시는 원장님, 원감님, 담임선생님들과 모든 선생님께 다시금 감사의 마음을 전합니다.

학부모의 삶
숲유치원은 아이에게 최고의 선물

장혜진_ 이서우 어머님

안녕하세요! 선생님^^

서우 엄마예요! 글솜씨가 없어, 서우를 숲유치원에 보내고서 느낀 점을 사실 그대로 적어요. 숲유치원에 관심이 있어 알아보던 중, 세종시에 최초의 숲유치원이 생긴다는 소식에 매우 기뻤습니다. 세종시에 아무 연고도 없지만, 교육 설명회를 통해 내 아이가 꼭 숲유치원에 다녔으면 좋겠다는 생각이 확고해졌습니다.

그 이유는, 아이가 또래 남자아이보다 왠지 더 불안해하고 낯선 사람 앞에서는 부끄러워하며 말도 잘 안 하는지라 활동적으로 달라지기를 바라서였어요. 아무래도 실내에서 하는 정적인 놀이나 활동보다 숲이라는 개방된 공간에서 다양한 체험을 하고 친구들과 어울리다 보면 조금은 내성적이고 소극적인 성격에 좋은 영향을 주지 않을까 하는 생각이 컸어요. 그 생각은 틀리지 않더라고요.

체력적으로나 정신적으로 적응을 못 하면 어쩌나, 혼합연령반이 과연 괜찮을까… 처음엔 여러 걱정이 앞섰지만 일단 비염이 매우 심했고 운동량이 많지 않아 근력도 약했던 아이가 숲유치원 다니기 시작하면서 환절기면 달고 살던 감기와 비염이 눈에 띄게 좋아졌어요^^ 숲의 신선한 공기와 동적인 활동들이 엄청난 체력의 밑바탕이 되었네요~ 넘치는 에너지를 발산하며 온전히 아이들의 주도로 이루어지는 숲활동은 최고의 선물이었어요.

　　일반 유치원과 비교하자면, 선생님의 주도하에 아이들이 따라가는 방식이 아니라 아이들이 어떤 놀이를 할지 주도하고 선생님들이 그 놀이나 활동이 이루어지게끔 도움을 주는 교육 방식 또한 아이들의 적극성과 독립성을 길러주는 데 결정적인 작용을 했다고 생각해요. 숲을 활용한 다양한 놀이가 내성적인 서우의 성격에도 밝고 긍정적인 영향을 주었어요! 때론 적극적으로, 때론 어떻게 협력해서 재미있게 놀 건지, 동생들은 어떻게 배려해야 하는지, 외동으로 자란 아이에게 도덕성과 사회성 모두 숲이라는 자연공간에서 배우게 되더라고요. '친구들과 사이좋게 지내야 해', '약한 친구들은 배려하고 돌봐야 해'… 이런 학습식 교육을 몸소 체험하며 느낀 바가 더 크게 와 닿다 보니 정서 발달에도 많이 도움이 되었어요. 정서적 안정감은 물론 사계절을 보고 듣고 만지며 숲에서 받는 힐링 에너지는 자라나는 아이와 함께 부모도 같이 성장할 수 있는 원동력이 되었습니다. 비 오는 날 진흙을 잔뜩 묻혀와도 너무 행복해하는 아이들의 모습, 계절이 바뀔 때마다 아이의 주머니에서 나오는 매번 다른 나뭇잎, 꽃, 열매 등등… 아이와 함께 나눈 행복과 추억은 이루 말할 수가 없네요!

　　이렇게 다양한 숲활동들을 해서인지 예전에는 처음 접하는 걸 몹시 두려워하던 아이가 지금은 먼저 나서서 적극적인 모습을 보이기도 하고 자신감도 많이 생겨서 너무 뿌듯하고 좋습니다. 아이의 변화된 모습에 숲유치원 만족도가 높아서 굳이 단점이 없어요!

　　이와 연계되는 초등학교가 있으면 좋겠습니다. 이건 우리나라 교육 방향의 문제인 거겠지요? 자연과 많이 자유롭게 지내던 아이들이라 흙바닥에 벌렁 눕기도 하고 나무에도 막 올라가기도 하는데, 초등학교 입학과 동시에 학교에서는 하지 말아야 할 행동들이 된 것도 아쉽네요. 이런 규칙이나 시간을 정확히 지켜야 하는 것들이 아이들에게 낯설다 보니 적용하는 데 시간이 걸리기도 해요! 처음 적응기니까 단점이라기보다는 시간 문제인 것 같아요. 지금은 누구보다 학교생활에 잘 적응하고 숲유치원의 추억을 그리워한답니다. 체력과 감성을 고루 성장시켜준 숲유치원은 자연의 최고 선물이예요^^ 숲유치원과 선생님들, 늘 감사합니다~

학부모의 삶

우리의 만남은 우연이 아니야

정경_ 박다온 어머님

우연한 기회에 숲유치원 포럼에 참석하게 된 그날의 감동을 잊을 수 없습니다. 숲유치원이라는 존재 자체를 몰랐던 제가, 이렇게 많은 분이 우리 꿈나무 아이들을 위해 오랜 기간 계획하고 논의하고 준비하여 주셨다는 사실 자체가 놀라움으로 다가왔습니다. 한마디라도 놓칠세라 모든 집중력을 끌어올려 귀 기울여 들으며 제 교육관이 꿈틀거리는 것을 느낄 수 있었습니다. 그렇게 하루아침에 숲유치원의 열혈팬이 된 저는 숲유치원 준비 행사마다 적극적으로 쫓아다니며 셀프 서포터즈가 되었습니다. 숲유치원에 대해 알게 될수록 '진심'이 되었고, 때마침 어린이집을 졸업한 자녀가 숲유치원 대기 1번이 되었습니다. 우리나라에서 최초로 시도되는 국공립 숲유치원에 대한 우려를 안고 입학을 취소해주신 감사한(!) 분들 덕분에, 입학 첫해의 덕을 톡톡히 보면서 자랑스러운 숲유치원 학부모가 될 수 있었습니다.

숲유치원에 입학하고 눈에 보이는 변화는 아토피 호전이었습니다. 이쁜 얼굴까지 아토피 병변이 심하고 진물이 흘러 '괴물'이 아니냐는 이야기를 듣곤 했는데, 언제 그랬냐는 듯 깨끗해진 얼굴로 활짝 웃는 모습을 보면서 정말 이 하나만으로도 족하다, 감사하다는 생각을 하곤 합니다. 아직 몸에 남

아있는 아토피 부위에 연고를 발라줄 때마다 예전에 가지고 있었던 아토피의 큰 흔적을 보면서 항상 놀라고 감사하게 됩니다.

다른 이들은 이처럼 눈에 보이는 변화만 주목하지만 함께하는 가족들에게는 수치화 할 수 없는 어마무시한 성장을 함께하는 기쁨이 있었습니다. 자연을 사랑하고 고마워할 줄 아는 숲유치원 친구들은 '정서적 안정'이라는 돈 주고 살 수 없는 값진 선물을 받았습니다.

3년 동안 유치원 생활을 하며 친구를 있는 그대로 받아들이고 포용할 수 있는 유치원 친구들의 어마무시한 안정감을 체험할 수 있었고, 이 아이들이 우리나라에서 큰 일꾼이 되리라는 믿음이 시간이 갈수록 더욱 견고해집니다.

늘 아이들을 믿고 기다려주시는 선생님들이 계시기에 아이들은 대단히 자기주도적입니다. 학습계획안이 따로 없는 숲유치원. 항상 스스로 찾아 계획하고 시도해보고, 시행착오를 겪기도 하고, 힘을 합쳐 해내기도 하고, 도움도 청해보며 하루하루 발전하는 모습을 지켜볼 수 있었습니다. 아이들이 관심을 가지고 스스로 정한 주제로 정해진 기한 없이 충분히 탐색하며 하고 싶은 활동을 해볼 수 있었습니다. '내 마음대로 프로젝트 수업'이 저절로 이루어지고, 아이들이 관심 있어 하는 것을 재미나게 익혀갔습니다. 항상 호기심을 갖고 주변을 둘러보며 오감을 활짝 열고 자연의 변화를 흡수하는 아이들의 관찰력이 성장하는 것을 느낄 수 있었습니다.

저희 아이는 돌멩이, 솔방울, 도토리를 좋아합니다. 다람쥐에게 양보하고 도토리 한 알을 고이 들고 와서 자랑하기도 하고, 가방 가득 묵직하게 돌멩이를 모셔왔다가 다시 숲에 가져다 놓기도 하며, 아이는 내 소중한 돌멩이가 몇 개인지 세어본 모양입니다. 한번 언급해본 적도 없는 수 개념을 혼자 익히고, 개수를 세고, 더하고 빼고 하는 모습을 보며 정말 신기했습니다. 늘 자연물을 관찰하고 그 모습을 기억해서 그런지 자연뿐 아니라 사물의 변화, 통

글자의 모양을 그대로 익히는 데 익숙했고, 친구들 이름, 간판 등의 글자를 익혀가며 혼자 읽어내려갈 수 있는 능력으로 확장되어 갔습니다.

숲유치원은 학부모가 함께 참여하여 숲을 정비하고, 유치원 활동을 서포터 합니다. 모기기피제를 만들어 운동화에 달아주기도 하고, 코로나로부터 지켜줄 천연비누를 만들기도 하며 아이들이 좋아하는 모습에 웃고, 학부모도 함께하며 행복해지는 것을 느낄 수 있었습니다. 마을이 함께 키우는 아이들. '내 아이만'이 아니라 '내 아이도' 돌보는 함께 공동체를 느끼고, 유치원 아이들뿐 아니라, 모든 아이들을 내 아이라는 눈빛으로 바라보게 되었습니다.

그렇게 학부모도 함께 성장하는 것이 숲유치원의 진가가 아닌가 싶습니다. 제 교육관에도 변화가 있었지만, 제가 일을 해나가는 전문분야에서도 생각의 변화가 생기고 여유를 갖게 되었습니다. 자연을 더욱 사랑하게 된 우리 가족은 휴일이면 숲유치원에 놀러 가서 숲에 대한 소개를 들으며 숲에서 함께 쉬다가 옵니다. 다른 숲으로, 바다로 놀러 갈 때면 쓰레기를 주워오고 "바다야 미안해", "나무야 고마워", "올챙이야 안녕"… 하며 자연과 사랑을 속삭입니다. 자연스럽게 우리 가족은 환경을 생각하게 되고, 모두가 재활용에 동참하며, 플라스틱 사용을 줄이기 위해 즐겁게 번거로움을 감수합니다.

숲유치원과 자연이 우리 가족을 너무 행복하게 해주었나 봅니다. 숲유치원에 입학한 둘째 아이는 첫째 아이와 터울이 있는데, 전혀 계획에 없던 늦둥이 셋째를 임신하게 되었습니다! 적잖이 당황했지만, 이 또한 숲유치원의 선물이라는 생각이 들었습니다. 첫째 아이가 유치원에 다니던 시절에는 참 고민도 많고 몸과 마음이 지쳐있었는데, 숲유치원을 만나고 나서는 마음을 푹 놓고 여유롭게 지내고 있었습니다. 숲유치원 학부모답게(?) 숲 태교를 하며 행복하고 새로운 경험을 많이 하고, 노산이지만 건강하게 자연주의 출산을 했습니다. 자연의 많은 친구들과 형님, 아우들과 많은 사랑을 주고받아서 그런지 숲유치원 재원생 둘째는 갑작스런 동생의 등장에도 너무나 의연했습니다. 모두의 예상을 깨고 너무나도 너그럽게 막내의 자리를 양보하고 과한 사랑을 주고 있습니다.

아침 등원길마다 "숲유치원에서의 마지막 가을이야. 3년 동안 너무 감사하지?"라는 이야기를 도란도란 나눕니다. 자연의 위대함, 그 뒤에는 솔빛숲유치원 선생님들의 땀방울과 진한 사랑이 든든히 자리잡고 있었습니다. 무릎 꿇고 앉아서 약을 발라주시던 선생님. 철저히 믿고 기다려주시는 선생님. 아이 입장에서 세상을 바라보시고, 아이들을 위해서라면 두손 두발 걷고 열정을 불태우시는 솔빛숲유치원 선생님들이 계셔서 친구들이 즐겁고 밝게 자랄 수 있었고, 솔빛숲 온 가족이 행복할 수 있었습니다. 선생님, 사랑합니다 ♡ 자연아, 고마워 ♡